북한 사회

-전체는 하나를 위하여, 하나는 전체를 위하여-

북한 사회
-전체는 하나를 위하여, 하나는 전체를 위하여-

십쇄·안티구라다 지음

경진출판
Since 1999, Kyungjin Publishing Co.
세상과 소통하는 지혜로운 책과 함께

세상에는 당연한 것이 있지만, 당연하지 않은 것들도 많다. 당연하지 않은 것 중에 하나가 바로 이 책이다.

이 책의 표지를 보고 영어 책이라고 생각하는 사람들이 꽤나 있다. 책 표지가 영어라고 해서 내용까지 반드시 영어일 필요는 없다.

이 책은 당연한 것을 거부한다.

『The Society』는 북한 사회를 다루고 있다. 읽기 쉽게 정리했다. 한마디로 가볍게 읽을 수 있는 책이다. 그래서 혹자는 이 책을 B급 서적이라 부르기도 한다.

중요한 것은 B급 서적도 책이라는 사실이다.

원래 B급은 지질한 것으로 생각한 적이 있고, 심지어 나쁜 것이라는 인식을 한 적도 있다. B급이 뭔지 궁금해서 사전을 찾아봤다. B급에 관한 명확한 정의를 내린 책을 아직 찾지 못했다.

십쇄와 안티구라다는 이 책을 쓰면서 B급을 "주류를 거부하고, 주류가 아니라는 것"으로 정의했다.

『The Society』는 B급 서적이다.
액션 영화를 보면 탄창을 갈아 끼지 않고도 권총 하나로 100발 가량 총을 쏜다. 이런 장면을 본 적이 있다. 주인공은 총을 맞더라도 할 말을 다 하고 죽는다. 굉장히 많이 봤다. 누가 보더라도 현실감이 떨어진다. 그럼에도 불구하고 우리는 묻지도 따지지도 않고 그러려니 하면서 영화를 본다.

이 책은 방금 언급한 액션 영화처럼 현실감이 떨어질 수 있다. 때로는 유치할 수도 있다. 그래서 독자께 간곡히 부탁을 한다.

그냥, 그러려니 하는 생각으로 아무런 생각 없이 영화를 보듯, 이 책도 너그러운 마음으로 편하게 읽어 주시기 바란다.

1. 영화

2. 음악

3. 언어

4. 미용

5. 신문방송

6. 광고

7. 음식

8. 일상생활

이 책에 쓰인 사진의 출처는 다음과 같다.
'조선의 오늘'·'내나라' 홈페이지
로동신문, 조선화보, 조선중앙TV

1. 영화

북한영화는 한국영화인가?

2019년은 한국영화 100주년이 되는 해다. 북한영화는
한국영화일까? 이 질문에 관한 답은 어떠한 접근을 하
느냐에 따라 답이 다르다.

북한영화도 한국영화라고 생각을 하는 입장은 감성적
인 접근을 하는 경향이 있다. 존중한다.

북한영화는 한국영화가 아니라면서 이성적인 접근을
하는 부류가 있다. 존중한다.

북한영화가 한국영화라고 생각을 하든지 말든지 크게
상관하지 않는다. 중요한 것은 북한영화를 보고 이러
쿵저러쿵 얘기하면 어떨까 싶다.

2018년 부천국제판타스틱영화제

2018년 부천국제판타스틱영화제에서 북한영화 9편이 상영됐다. 우리 국민은 3편의 장편영화와 6편의 단편영화를 볼 수 있었다.

2016년 북한 사회에서 엄청난 인기를 끌었던 최신 영화 〈우리집 이야기〉

2006년 개봉된 만화영화 〈교통질서를 잘 지키자요〉

2000년 북한영화로는 처음으로 한국에 개봉될 뻔 했던 북한의 대표적인 괴수영화 〈불가사리〉

2012년 북한이 영국과 벨기에하고 합작으로 만든 영화
〈김동무는 하늘을 난다〉

오랜만에 한국에서 북한영화를 볼 수 있기에 여러 사
람들에게 얘기를 했다. 그러나 관심 있게 듣는 사람은
거의 없었고, 기억을 하려는 사람도 찾기 힘들었다. 솔
직히 대부분의 사람들은 관심이 없었다.

북한영화에 관심이 없다는 것은 북한이라는 존재에 관
심이 없다는 것이 아닐까? 이런 상황에서 통일을 얘기
하는 것이 씁쓸할 뿐이다.

모두다 선군시대공로자들처럼 살며 투쟁하자!

선무덕의 지하전역을 종횡무진하는 탄전의 별동대장

선군시대공로자의 영예를 지닌 룡등탄광 6갱 고속도굴진소대장 김광일동무

어제날의 제대병사 아바지처럼

두각을 나타낸 굴진 3소대

7일 낮, 7일 밤의 결사전

만리마속도-불과는 심장으로

본사기자 김 철

새로 나온 예술영화 《우리 집이야기》

교육의 질을 개선시키기 위한 사업을 짜고들고있다.

본사기자 민유영 촬영

로씨야에 가는 인민무력성대표단 출발

제12차 평양가을철국제상품전람회에 참가할 여러 나라와 지역의 대표들 도착

재일본조선유학생동맹대표단이 떠나갔다

조선반도의 평화와 자주통일을 위한 북, 남, 해외 제정당, 단체, 개별인사들의 련석회의

북측준비위원회 공보

조선민주주의인민공화국 외무성 대변인대답

2. 8비날론련합기업소 가설소대 책임성높은 작업반장

영원히 마음속군복을 입고

아동영화
Children's Film
교통질서를 잘 지키자요 (1)
철남이가 찬 볼

Keep Traffic Rules (Part 1)
Chol Nam's Ball

(베타캄, 천연색, 11′ 21″)

학습반을 끝낸 철남이와 그의 동무들은 축구경기 결관을 내려 운동장으로 간다. 이때 한 동무가 텔레비죤으로 새로 나온 아동영화를 한다는것을 알려준다. 운동장까지 가면 아동영화를 못보게 된다고 생각한 철남이는 차도로가 옆에 있는 풀밭에서 축구경기를 하자고 한다. 이리하여 시작된 축구경기는 맹렬해져 살랑살랑 찬다고 하던 공은 차길에 들어서게 된다. 자기 볼을 잃을가봐 차길에 들어섰던 어린 용이는 물론이고 그를 구원하려던 철남이도 큰 사고를 낼번한다.

(Betacam, Colour, 11′ 21″)

Chol Nam and his peers who have finished their homework go to a playground to settle the football game that was not over yesterday. On their way, someone says there is a new animation programmed on TV. Chol Nam thinks he will miss it if he goes as far as to the playground and suggests playing the game in the lawn just at a roadway. The football game started off in this way gets violent and the ball what was supposed to be kicked soft flies into the roadway. Yong I runs into the roadway without any moment's hesitation in fear of losing his ball and Chol Nam also gets into it to save Yong I, nearly leading to a serious accident. Only then, Chol Nam and his peers find out their mistake of having played a ball at a roadway.

2001년 부산국제영화제

1984년 신상옥 감독이 북한에서 연출한 영화 〈탈출기〉
가 부산국제영화제에 선보였다. 국내에서 공식적으로
북한영화를 처음으로 상영한 영화제가 바로 부산국제
영화제다.

2001년 우리나라에서 신상옥 감독의 영화 〈탈출기〉 상
영은 국민들의 관심과 이목을 집중시켰다. 2003년 전주
국제영화제에서는 조선예술영화 〈살아있는 령혼들〉이
상영됐다.

2003년 부산국제영화제에서는 '북한영화특별전'에서
북한에서 제작된 영화 7편이 상영됐다.

조선예술영화 〈내고향〉

조선예술영화 〈봄날의 눈석이〉

조선예술영화 〈신혼부부〉

조선예술영화 〈우리열차 판매원〉

조선예술영화 〈기쁨과 슬픔을 넘어서〉

조선예술영화 〈대동강에서 만난 사람들 1, 2〉

2000년대 초반 국내에서 열리는 국제영화제에서 북한 영화를 종종 상영을 했다. 그러나 한동안 우리 사회에서 북한영화는 자취를 감췄다. 정치적인 이유 때문에 불거진 현상으로 볼 수 있다. 하지만 무엇보다도 국내에서 북한영화를 상영하려면 절차가 상당히 까다롭다.

우리나라에서 북한영화를 상영하기 위해서는 북한과 저작권 사용 부분을 논의해야 하는 문제가 있다. 또한 북한영화를 상영하기 위해서는 기관이나 단체가 정부로부터 특수자료 취급인가를 승인받아야 하는 문제도 있다.

국내에서 북한영화를 상영하기 위해서는 우리 당국과
의 협의가 필요하고, 북한과의 협의가 필요하다.

그 협의가 현실적으로 쉽지 않다. 이는 과거에도 그랬
고, 현재도 그렇다.

예술영화

대동강에서 만난 사람들 (1,2부)

Feature Film **They Met on the Taedong River**
(Parts 1-2)

(35mm, 천연색, 소폭, 12권, 114')

려객선 고문선장 강선달과 은정유치원 원장 조복금,
그리고 준첩선 선장 동찬과 물스키선수 혜영의 사랑은
고마운 사람들에 의하여 꽃피고 대동강반의 아름다운
이야기로 전해진다

(35mm, Colour, Standard, 12 Reels, 114')

The love between Kang Son Dal, the consulting captain
of a passenger ship, and Jo Bok Gum, the director of
Unjong Kindergarten, and the love between Tong Chan,
the captain of a dredger and Hye Yong, a water ski
player come into full bloom with the help of kind-
hearted people. Their love story is told as a beautiful
episode on the bank of Taedong River.

북한영화는 뭘까?

우리나라 공중파 방송에서 북한영화를 방영한 적이 있다. KBS에서는 1998년 10월 17일 다부작 드라마 〈림꺽정〉을, MBC에서는 1999년 1월 3일 조선예술영화 〈온달전〉을 각각 방영을 했다. SBS에서는 1999년 9월 1일 조선예술영화 〈안중근 이등박문을 쏘다〉를 방영했다.

당시 우리 국민들 중에 북한영화를 끝까지 본 사람이 얼마나 될까? 영화 시작과 동시에 다른 국내 프로그램으로 채널을 돌린 사람들이 많았던 것으로 기억한다. 그만큼 북한영화가 재미없기 때문이다.

2018년 국내의 영화제에서 북한영화를 상영했다. 여전히 국민들의 관심은 크지 않았다.

우리 국민들이 북한영화를 보고 느끼는 감정은 긍정보다는 부정이 더 많은 편이다.
왜 그럴까?

북한영화를 보면 우리와 다른 점이 참 많다. 특히 정서적으로 이해할 수 없는 부분이 많다. 영화 내용은 교육방송에 가까울 정도로 지루하다.

남한에서는 영화를 제작할 때 가장 중요하게 고려되는 사항이 바로 관객이다. 북한영화 제작에서 중요한 것은 당성, 인민성, 계급성이다. 남과 북은 영화 제작에 있어서 중요하게 생각하는 부분이 완전히 상이하다.

무엇보다도 북한영화가 재미없게 느껴지는 것은 당국의 검열 때문에 그런 것은 아닐까?

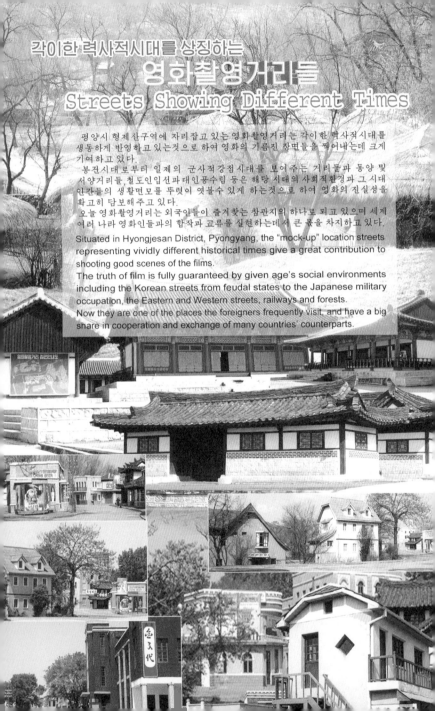

각이한 력사적시대를 상징하는
영화촬영거리들
Streets Showing Different Times

평양시 형제산구역에 자리잡고 있는 영화촬영거리는 각이한 력사적시대를
생동하게 반영하고 있는것으로 하여 영화의 기름진 장면들을 찍어내는데 크게
기여하고 있다.
봉건시대로부터 일제의 군사적강점시대를 보여주는 거리들과 동양 및
서양거리들, 철도인입선과 대인공수림 등은 해당 시대의 사회적환경과 그 시대
인간들의 생활면모를 뚜렷이 엿볼수 있게 하는것으로 하여 영화의 진실성을
확고히 담보해주고 있다.
오늘 영화촬영거리는 외국인들이 즐겨찾는 참관지의 하나로 되고 있으며 세계
여러 나라 영화인들과의 합작과 교류를 실현하는데서 큰 몫을 차지하고 있다.

Situated in Hyongjesan District, Pyongyang, the "mock-up" location streets
representing vividly different historical times give a great contribution to
shooting good scenes of the films.
The truth of film is fully guaranteed by given age's social environments
including the Korean streets from feudal states to the Japanese military
occupation, the Eastern and Western streets, railways and forests.
Now they are one of the places the foreigners frequently visit, and have a big
share in cooperation and exchange of many countries' counterparts.

북한이 본 한국영화

2019년 대한민국을 넘어 전 세계적으로 뜨거운 관심을 받는 영화가 있다. 봉준호 감독의 영화 〈기생충〉이다. 이 영화를 북한도 재미있게 본 모양이다.

2019년 6월 18일 '조선의 오늘'이라는 대외선전 매체를 통해 북한은 이례적으로 영화 〈기생충〉을 소개했다.

북한은 이 영화를 "남조선 사회의 어두운 단면을 그려 내고 있다"고 평가하고 있다. "부유층과 빈곤층 사이 소득격차는 무려 59배로 늘어났고 부와 가난의 대물림으로 인해 '금수저', '흙수저'라는 말이 유행해 사회 양극화와 빈부 격차가 극도에 달한다"면서 남한 사회를

〈썩고 병든 사회〉로 묘사하고 있다.

북한이 한국영화를 평가한 것과 관련해 다양한 분석이 가능하다. 영화 〈기생충〉을 평가하는 대목을 고찰하거나, 이 영화를 통해 하려는 선전선동이 무엇인지를 살펴볼 수 있는 등 여러 가지 분석이 가능하다. 하지만 무엇보다도 북한 사람들이 봉준호 감독의 영화를 봤다는 것이 더 큰 의미가 있다.

남과 북, 서로 문화를 접하는 것이 통일의 시발점이라는 생각이 든다. 그런 의미에서 남한도 북한 문화예술을 접할 수 있는 기회의 폭을 넓혀야 할 때다.

북한영화에서 중요한 것

북한은 영화제작에 있어서 기준이 되는 것이 있다. 바로 『영화예술론』이다. 이 책은 1973년 4월 11일에 출판됐다. 상당히 두껍다. 독자들에게 읽으라고 권하고 싶지는 않다. 지루하기 때문이다.

이 책은 영화문학으로부터 연출, 연기, 창작지도에 이르기까지 전체 8장으로 구성돼 있다.

북한 사회에서 『영화예술론』은 절대적인 교과서이자 절대적인 권위를 가진 지침서다. 이 책은 김일성의 항일무장혁명투쟁 과정에서 창작된 문학예술들을 현대화하는 과정에서 집필된 것으로 알려져 있다.

조선우표 120원(『김정일 영화예술론』)

북한영화는 예나 지금이나 똑같다

그렇다. 북한영화를 보면 변한 것을 찾을 수가 없다. 김일성 시대부터 지금의 김정은 시대까지 한결같이 변함없이 재미가 없다.

물론 북한영화에서 변한 부분을 찾을 수 있다. 영화 촬영 기법이나 배우들의 대사를 보면 시대별로 변하고 있다.

또 다른 변화를 찾는다면 외국과의 합작 영화를 만들고 있다는 점이다. 그리고 영화의 소재를 정치적인 것에서 과학이나 사랑 등으로 다양화하려는 시도를 하고 있다는 것 역시 변화된 모습이다.

남한의 관점에서 보면 변화라고 말하기 민망할 정도다. 하지만 북한의 관점에서 보면 이러한 변화는 상당히 파격적인 일이다.

북한영화의 변화를 어떤 관점에서 보느냐에 따라서 해석과 전망은 각기 달라질 수 있다. 여기서 중요한 것은 전망이 아니다. 나와 다른 관점에서 접근하는 사람과의 생각을 공유하고 소통하는 것이 북한 사회를 이해하는 데 더 바람직하지 않을까?

남과 북이 따로 영화를 제작한 시기

남과 북이 영화를 각자 만들기 시작한 것은 1947년부터다. 1947년 북한이 〈국립영화촬영소〉를 설립하면서부터 남과 북은 서로 각자의 영화를 만들기 시작했다.

당시 북한은 주로 기록영화만을 제작한 것이 특징이다. 일반적으로 이해하는 극영화는 남한보다 3년 정도 늦은 1949년에 처음으로 제작했다.

북한의 극영화 제작이 우리보다 좀 늦은 것은 이유가 있다. 1945년 해방 이후 영화와 관련된 모든 인프라나 배우, 자본들이 서울에 집중적으로 몰려 있었기 때문이다.

초기 북한이 의지할 수 있는 국가는 소련이었다. 소련의 영향을 받아 영화를 제작하다 보니 기록영화를 중심으로 제작을 했다.

북한영화를 공부하려는 학생이 있다면 소련영화를 보면 좋을 것 같다. 영화 〈전함 포템킨〉을 추천한다. 1925년 세르게이 M. 에이젠슈타인 감독이 제작한 영화다. 참고로 재미는 없다.

북한 최초의 기록영화

북한이 처음으로 만든 기록영화는 〈우리의 건설〉이다.
옴니버스 형태의 영화다. 지금 시대의 기준으로 보면
형편없는 영화다. 하지만, 당시 시대적인 상황으로 이
해하면 참으로 신기하게 느낄 만한 영화다.

이 영화는 평양시 3.1운동 행사, 5.1절 행사, 평양 보통
강 개수공사를 소재로 제작됐다.

1940년대 중반부 북한은 영화를 제작하는 데 있어서
환경이 상당히 열악했다. 영화의 완성도 측면에서 북
한영화를 보면 형편없다는 평가가 나올 수도 있다. 그
래서 이 영화는 북한에서 만든 첫 번째 영화라는 데
의미를 부여하면 될 것 같다.

이것이 바로 북한 최초의 극영화

1949년 북한이 처음으로 극영화를 만들었다. 조선예술
영화 〈내고향〉이다. 영화의 줄거리는 간단하다. 일제
에 대항하며 싸우던 주인공은 해방이 되자, 사회주의
건설을 위해 열심히 고군분투한다는 이야기다. 북한의
입장에서 보면 이 영화는 굉장히 교양적인 영화다.

1949년을 전후로 북한이 만드는 영화 대부분은 일제와
싸우는 내용이다. 그런 면에서 보면 이 영화의 소재는
크게 새로운 것이 아니다. 하지만 조선예술영화 〈내고
향〉은 기록영화 〈우리의 건설〉과 비교해 상당히 완성
도가 높다. 그래서 북한이 독자적으로 만들었는지 논
쟁이 있을 정도다.

내 고 향

Feature Film **My Home Village**

(35mm, 흑색, 소폭, 10권, 101')

분김에 지주아들을 때린것이 《죄》가 되어 억울하게 감옥에 갇히게 된 관필은 그곳에서 항일유격대 공작원 김학준을 알게 되여 그의 영향밑에 계급적으로 각성되며 탈옥하는데 성공한다. 유격대에 입대한 관필은 항일무장투쟁의 불길속에서 강의한 혁명가로, 능숙한 지하공작원으로 성장한다. 고향은 있어도 갈수 없고 그리운 사람이 있어도 만날수 없었던 관필은 해방의 감격과 기쁨을 안고 고향으로 돌아온다.

(35mm, Black & White, Standard, 10 Reels, 101')

Kwan Phil is thrown behind the bar for having beaten the landlord's son. In the prison, he meets Kim Hak Jun, an underground fighter of the anti-Japanese guerrilla army, who helps him foster class consciousness. Kwan Phil escapes from prison and joins the guerrillas. In the crucible of the anti-Japanese armed struggle, he grows into a stalwart revolutionary and an able underground fighter. In all those years he never forgets his home village, longing to return home and meet his beloved. In the end he comes back to his home village with pride and joy over the liberation of the country.

한국전쟁 시기의 북한영화

한국전쟁 기간에도 북한은 영화를 제작했다. 물론 극영화보다는 기록영화에 초점을 맞춰 제작을 했다. 아무래도 전쟁이 길어지면서 불거진 현상이다.

한국전쟁 시기에 만들어진 북한의 극영화는 군대와 관련된 소재가 많다.

예를 들어, 1950년에 제작된 조선예술영화 〈국경 수비대〉, 1953년에 제작된 조선예술영화 〈정찰병〉 등의 영화 제목만 봐도 군대와 관련이 있다는 것을 쉽게 짐작할 수 있다.

한국전쟁 이후의 북한영화

1950년 6월 25일에 시작된 한국전쟁이 1953년 7월 27일에 끝난다. 엄밀히 말하면 정전협정(잠시 전쟁을 멈추기로 합의)이 체결됐다. 이후로 북한은 바로 전후 복구 사업을 추진했다.

한국전쟁 직후, 김일성 주석은 이런 말을 했다.

"작가 예술인들은 복구 건설의 투쟁하는 모습을 잘 형상화함으로써 전후 복구 건설 사업에 적극적으로 이바지해야 한다."

그는 문학예술 작품의 방향이 전후 복구 건설 사업에

적극적으로 기여해야 한다는 것을 말하고 있다.

실제로 1955년 제작된 조선예술영화 〈신혼부부〉를 보면, 철도 일군이 전후복구 사업에 적극적으로 기여하는 모습을 그리고 있다.

이 영화는 국내에서 쉽게 찾을 수 없다. 통일부 북한자료센터(https://unibook.unikorea.go.kr/)에서 유일하게 볼 수 있다.

북한에서 영화가 최고지도자를 부각한 시기

원래부터 북한이 김일성 주석을 신격화한 것은 아니다. 1967년 이후에 시작됐다.

이때 북한에서는 반종파 투쟁이 일어났다. 종파사건 이후 1970년대 들어서면서 주체사상이 이론화됐고 그 체계가 확립이 됐다. 이와 동시에 북한영화에서는 최고지도자를 찬양하거나 신격화하기 시작했다.

최고지도자를 부각하기 시작한 초기에는 항일혁명 1세대인 혁명전사들을 영웅화하는 데 초점이 맞춰져 있었다. 이후로 김일성과 그 일가를 집중적으로 찬양하는 영화들이 제작됐다.

북한이 꼽는 대표적인 항일혁명 영화로는 영화 〈강물은 흐른다〉, 영화 〈유격대 오형제〉, 영화 〈피바다〉, 영화 〈한 자위대원의 운명〉, 영화 〈꽃파는 처녀〉 등이 있다.

꽃파는 처녀

(35mm, 천연색, 광폭, 13권, 132')

영화는 위대한 수령 **김일성**동지께서 항일혁명투쟁 시기에 창작하신 불후의 고전적명작《꽃파는 처녀》를 각색한것이다. 주인공 꽃분이는 지주놈네의 만행으로 소경이 된 동생 순희와 자기를 위해 병든 몸으로 배지주의 종살이를 하는 어머니의 약을 마련하려고 장거리에서 꽃을 팔지만 사랑하는 어머니는 끝내 세상을 떠난다. 이렇게 되자 꽃분이는 놈들에게 잡혀 감옥에 들어간 오빠를 찾아 먼길을 떠난다. 멀고 먼길을 왔건만 꽃분이는 간수로부터 오빠가 죽었다는 기막힌 소식을 듣게 된다. 하나밖에 남지 않은 기둥마저 무너져버려 꽃분이는 생을 포기하고싶었으나 앞못보는 어린 동생 순희를 생각하며 다시 마을로 돌아온다. 그러나 지주의 작간으로 순희는 없어지고 이에 항거한것으로 하여 꽃분이는 놈들에게 매를 맞고 창고에 갇히게 된다. 이 무렵 일제원쑤들의 감옥을 탈출하여 항일혁명의 길에 나선 오빠 철룡은 산전막에서 구사일생으로 살아난 순희를 만나게 되며 마을사람들과 함께 지주를 처단하고 꽃분이를 구원한다. 그후 꽃분이는 오빠를 따라 위대한 수령 **김일성**동지께서 이끄시는 항일혁명투쟁의 길에 나서게 된다.

주체61(1972)년 이전 체스꼬슬로벤스꼬 까를로비 바리 제18차 국제영화축전에서 특별상과 특별메달을 받았다.

북한의 국민배우

북한의 국민배우로는 오미란이 있다. 북한은 우리나라와 달리 젊은 배우가 큰 활약을 보여주지 못하고 있다. 그래서 오미란이나 김정화와 같은 원로급 여배우가 꾸준히 인기를 끌고 있다.

우리나라는 최은희, 김지미, 정윤희, 고현정, 김희선 등으로 이어지면서 자연스럽게 세대교체가 꾸준히 이뤄지고 있다. 반면에 북한은 세대교체라는 것이 없다.

배우 오미란은 1980년대부터 인기가 있던 배우다. 북한에서 인기 있는 배우 오미란을 만들어준 영화가 바로 조선예술영화 〈도라지꽃〉(1987)이다.

도라지꽃

Feature Film **A Broad Bellflower**

(35mm, 천연색, 소폭, 9권, 92')

어느 한 산골농장에서 일하는 처녀작업반장 송림은 애인인 원봉이와 함께 고향땅을 보란듯이 꾸려 행복하게 살기를 바란다. 그러나 원봉은 송림이와 자기 고향을 버리고 떠나간다. 원봉은 행복을 찾아 떠나갔지만 송림은 자기의 땀과 노력으로 고향마을을 살기좋은 락원으로 꾸려간다. 어느날 송림은 산사태로부터 양들을 구원하다가 희생된다. 수십년 세월이 흘러 원봉은 죄책감을 안고 아들과 함께 고향을 찾는다.

(35mm, Colour, Standard, 9 Reels, 92')

Song Rim is a work-team leader of a remote mountainous farm. She cherishes deep in her heart a beautiful dream to turn her native place into a rich village and live happily together with Won Bong, her boyfriend. But Won Bong deserts Song Rim and the native village in search of a better place to live in. Song Rim continues to devote her all to turning the home village into an earthly paradise. One day, Song Rim sacrifices her life in her effort to save the sheep from a landslide. Decades later, Won Bong, self-remorseful, takes his son to his native village.

배우 오미란의 삶

배우 오미란은 2002년에 영화 〈생의 흔적〉의 후속작인 영화 〈이어가는 참된 삶〉의 배우로 캐스팅이 된다.

당시 오미란은 유선암에 걸린 상태에서 촬영을 강행을 했다. 암에 걸린 상태에서 영화 촬영을 무리하게 강행을 해서 그런지 촬영 후 4년 뒤인 2006년에 사망했다.

배우 오미란은 1954년생으로서 50대라는 조금은 이른 나이에 세상을 떠났다.

배우 오미란, 그녀의 인기

2014년 12월 경, 『조선신보』가 '인기처녀' 시리즈라고 해서 6회분의 영상을 공개한 적이 있다. 평양연극영화 대학 배우학부 5학년에 재학 중인 배은이 학생의 인터뷰 내용에 이런 것이 있다.

"어렸을 때부터 영화를 좋아했으며", 자신이 좋아하는 배우로는 "독특한 개성이 있고 모든 연기에서 매력을 느끼게 한 배우 오미란이 있다면서 오미란과 같은 멋진 배우가 되고 싶다"고 언급했다.

북한 사회에서 배우 오미란은 주민들로부터 현재도 꾸준히 사랑을 받고 있다.

북한에서 영화인을 전문으로 양성하는 기관

영화인을 양성하는 전문기관으로는 '평양연극영화대학'이 있다. 이 대학은 영화전문가 외에도 방송원, 사진촬영가 등 영화매체 분야의 전문종사자들을 양성하고 있다.

'평양연극영화대학'에는 영화창작학부, 영화배우학부, 영화기술학부 등이 있다.

직업인으로서의 배우

북한에도 직업으로 배우가 있다. '귀순배우 1호'라는
타이틀을 가지고 있는 배우 김혜영을 보면 그 답을 찾
을 수 있다.

배우 김혜영은 한 TV 프로그램에서 북한에서 가장 인
기 있는 직업을 말한 적이 있다. 김혜영은 "북한에서
가장 인기 있는 직업이 영화배우고, 다음으로 인기 있
는 직업이 가수"라고 밝혔다.

북한에서 배우였던 김혜영의 말을 일반화하기는 다소
무리가 있다. 하지만 그녀의 발언을 통해 북한에서도
연예인과 관련해 관심이 크다는 것을 엿볼 수 있다.

김정은 시대의 북한영화 특징

영화는 선동성이 강한 특성이 있다. 북한은 이를 잘 활용하고 있다. 물론, 어제 오늘의 일이 아니고 김정은 시대에서도 이 개념은 여전히 변함없다.

김정은 시대 들어 북한영화의 가장 큰 특징은 제작 편수가 급격히 줄었다는 점이다. 북한이 영화 제작 편수를 줄인 것은 당의 관심이 크지 않다는 것을 보여주는 대목이다.

또한 북한에서 제작된 영화가 경쟁력이 없기 때문에 영화 제작 편수를 줄인 것으로도 볼 수 있다. 실제로 북한에서 제작한 영화가 주민들로부터 호응을 얻기에는 다소 무리가 있다.

김정은 시대의 북한영화 제작 수

북한은 영화를 크게 '조선예술영화', '기록영화', '만화영화', '과학영화'로 구분하고 있다.

김정은 시대 들어서 북한영화 제작 편수가 급격히 줄었다. 그러나 모든 장르에서 영화 제작 편수를 줄인 것이 아니다. '조선예술영화'의 제작 편수가 급격히 줄어든 것이 특징이다.

김정은 시대 들어 〈조선예술영화〉는 총 10편이 제작됐다. 이 중에서 조선예술영화촬영소가 제작한 영화가 5편이다. 주로 군대와 관련이 있는 영화를 제작하는 조선4.25예술영화촬영소도 5편의 영화를 제작했다.

조선예술영화촬영소에서 군대와 관련된 영화를 제작하는 것은 문제될 것이 없다. 하지만 전반적으로 군대와 관련이 있는 영화는 조선4.25예술영화촬영소에서 제작을 하고 있다.

김정은 시대에 제작된 '조선예술영화' 10편 중에서 군대와 관련이 있는 소재나 인물이 등장하는 영화는 총 7편이다. 일반인이 주인공으로 등장하는 영화는 3편에 불과하다.

군대와 관련된 영화가 7편이나 제작된 것은 김정일 시대에 제작됐던 영화가 김정일 국방위원장의 사망으로 김정은 시대에 개봉되면서 불거진 현상이다.

최근 들어 북한영화는 군 중심에서 탈피해 주제나 소재가 다변화되고 있다.

북한의 만화영화 제작 수준

북한에서 애니메이션을 만드는 곳은 한 곳이 있다.
'조선 4.26 만화영화 촬영소'

여기는 기본적으로 프랑스, 이탈리아 등의 국가로부터
의 하청을 받아서 만화를 제작하고 있다. 북한의 만화
제작 수준은 상당히 높은 편이다.

북한이 우리나라와 함께 애니메이션을 만들었던 적이
있다. 국민 만화영화인 '뽀로로'다. 당시에 북한과 함께
작업을 했던 작가들은 북한 만화영화 제작 수준이 상
당히 높은 것으로 평가했다.

어린이들의 교육교양과 지능발전에 도움을 주는 인기있는 아동영화들

Children's Films Helpful for Developing Children's Intelligence

김정은 시대의 만화영화

북한에서는 '만화영화'가 없었다. 원래 '아동영화'가 있었다. 김정은 시대 들어서면서 북한에서는 '아동영화'를 '만화영화'로 그 명칭을 바꿨다.

언뜻 보기엔 '만화영화'와 '아동영화'가 같거나 비슷한 의미로 보인다. 그러나 이 두 개념은 완전히 다르다.

'만화영화'는 표현수단이 무엇인가에 따라 구분하고 있고, '아동영화'는 대상이 무엇인가에 따라서 구분하고 있다. 한마디로 만화영화는 만화를 영화처럼 만드는 것이고, 아동영화는 아동을 대상으로 하는 영화다.

만화영화는 아동과 더불어 청소년, 어른을 대상으로
한 작품들이 있다.

만화영화 〈령리한 너구리〉

북한 사회에서 가장 유명한 만화영화가 바로 〈령리한 너구리〉다.

이 만화영화는 시리즈물이면서도 각 편이 독립적으로 구성돼 있는 것이 특징이다.

주인공인 너구리와 친구인 야옹이, 곰돌이가 경쟁을 통해 문제를 해결해 나간다는 내용이다. 이 만화영화에 등장하는 너구리는 야옹이처럼 빠르지도 못하고, 곰돌이처럼 힘도 세지 않은 인물이다. 하지만 지혜롭게 문제를 해결해 나가는 캐릭터로 등장을 하고 있다.

이 만화영화에 등장하는 너구리는 마르지 않게 보인

나. 한마디로 날렵하게 생기지는 않은 것이 특징이다. 다소 뚱뚱해 보이는 너구리가 열심히 공부를 해서 이긴다는 아주 단순한 줄거리의 만화영화다. 이 만화영화는 아이들 사이에서 가장 인기 많다.

북한의 인기 만화영화 〈령리한 너구리〉

우리사회에서 북한영화를 접한다는 것

문재인 정부에서 북한영화 9편을 공개적으로 상영할 수 있도록 승인하면서, 우리 국민들이 북한문화를 접할 수 있었다.

북한영화를 접한다는 것은 남과 북의 만남을 넘어 서로 다름을 인정하고, 서로를 이해하는 계기가 된 것을 의미한다.

북한영화를 보고 난 이후에 북한에 대한 부정적인 인식이 더욱 확고해 질 수 있다. 그렇다고 해서 언제까지 우리가 북한문화를 거부하고 부정할 수 있을까?

우리 국민들이 북한영화를 보고 북한의 이질적인 문화를 접하는 것 자체가 통일의 첫걸음이 아닐까?

북한영화를 통해 느끼는 감정이 긍정적이든, 부정적이든 표출하고, 서로 대화를 통해 공감대를 형성해 나가는 과정이 통일이라는 생각을 해본다.

2. 음악

북한의 모란봉악단

우리 사회에서 북한의 걸그룹 중에서 가장 유명한 모란봉악단은 2012년 7월 6일 만수대예술극장에서 시범 공연을 하면서 유명해졌다.

모란봉악단은 현대음악을 담당하는 여성 위주의 경음악단이다. 연주가와 성악가 모두가 여성으로 구성된 완전한 여성음악단체다. 이 걸그룹은 1960년대 만수대예술단의 '녀성기악 중주조'와 1980~90년대 남성 위주의 '보천보 전자악단'을 결합해 만든 예술단체다.

모란봉악단의 조직

모란봉악단은 연주자 그리고 가수 이렇게 예술인들로 구성돼 있다. 모란봉악단하면 떠오르는 것이 가수와 연주자들이다. 그러나 북한은 극장식 시스템이라서 우리나라에서 이해하는 걸그룹이나 밴드의 개념과는 조금 다르다.

북한의 예술단체는 극장식 체계를 따르고 있다.

모란봉악단의 경우에는 행정과 공연을 담당하는 부서로 구분해 볼 수 있다. 공연을 담당하는 부서는 작곡과 작사 등을 담당하는 창작실, 그리고 녹음, 무대, 의상 등의 공연 전반을 아우르는 부서들로 세분화돼 있다.

모란봉악단의 출연진

출연진 구성은 공연의 성격에 따라 규모가 각기 달라진다.

2012년 시범공연을 기준으로 보면, 연주단인 악기조 11명과 성악단인 중창조 6명, 모두 17명의 음악인들로 구성돼 있다.

모란봉악단의 음악, 그 특징

북한은 모란봉악단의 음악적 특징 중에서 가장 중요한 것으로 '음색'을 말하고 있다. '음색'은 음의 보편적인 특징으로서 '음높이'와 '음길이', '음세기'와 함께 어울려 존재하는 것을 말한다.

모란봉 악단의 '음색'은 기존의 틀에서 탈피하여 다양화하려는 시도를 하고 있다. 이 악단의 이러한 변화 노력이 북한 사회 변화를 도모하는 견인차 역할을 할 수 있을까?

모란봉악단, 노력의 결과

새로움을 추구하는 모란봉악단 노력은 여러 수상경력
으로 이어졌다. 무대에 서는 음악가들에만 한정된 것
이 아니고 조직 구성원 전반적으로 수상을 했다는 데
의의가 있다.

가장 먼저 가수인 류진아가 2013년 7월 21일에 공훈배
우 칭호를 받았고, 다음으로 2014년 5월 17일에 가수인
라유미가 공훈배우 칭호를 받았다.

무대의 출연자들이 아닌 창작가들은 2014년 4월 12일
에 수상을 하게 됐다. 황진영, 우정희, 안정호 등에 로
력영웅칭호가 수여됐다.

모란봉악단의 유명세

북한에서 모란봉 악단은 남녀노소를 불문하고 상당히 인기가 있다. 모란봉악단이 전국을 순회하면서 유료 공연을 하면 북한 주민들이 공연표를 구하기 위해서 줄을 서서 구할 정도라고 한다.

모란봉악단이 공연을 하면 ≪조선중앙방송≫을 통해 녹화실황으로 수차례 중계가 이뤄지고 있다. 그만큼 인기가 있기 때문이다.

하지만 우리 시각에서 보면 상당히 촌스럽게 보인다.

모란봉악단의 인기비결

기본적으로 실력이 있다. 노래도 잘하고, 연주도 잘하고 여러 방면으로 우수하다는 것을 공연을 통해 볼 수가 있다. 물론, 우리의 시각에서 보면 촌스럽게 보일 수가 있다. 그러나 북한 사회에서 모란봉악단은 파격적이라 해도 과언이 아니다.

다른 측면에서 보면 북한 당국이 적극적으로 나서서 모란봉악단을 밀어주고 있기 때문에 인기가 있는 것으로도 볼 수 있다. 김정은 시대의 아이콘이 변화다. 변화와 혁신은 모란봉악단이 주도하고 있다.

그래서 띄우나?

모란봉악단과 김정은 체제의 출범

정치적인 차원에서 문화예술은 체제를 선전하고, 인민을 동원하는 데 유용한 수단의 하나다.

김정일 국방위원장은 김일성의 항일무장혁명투쟁의 이야기를 북한식으로 재창작하는 과정을 통해서 정치적인 위상을 강화했다. 2000년 이후에는 선군정치를 표방하면서 선군과 음악을 결합한 이른바 '음악정치'라는 것을 만들었다.

음악정치란 음악과 선군을 결합한 것이다. 음악으로 단결하고, 음악으로 고난을 이겨내자는 의미를 담고 있다. 김정은 체제에서도 음악정치는 유지되고 있다.

'음악정치'란 무엇인가

2000년 2월에 개최된 인민무력성 발표회에서 공식적 논의됐고, 2000년 5월 29일 ≪조선중앙통신≫에 '령도자의 노래정치'라는 제하의 글을 통하여 언론에 공식 알려지기 시작했다. '음악정치'는 김정일 시대의 정치 이념이다.

1994년 김일성 주석의 사망 이후 당면한 여러 위기를 유훈통치와 선군정치를 내세우면서 극복한 김정일 국방위원장은 자신의 시대에 맞는 새로운 정치스타일을 예술 분야에서 찾았다.

그것이 바로 '음악정치'다.

북한에서 음악정치는 김정일이 '타고난 예술적 재능'
을 바탕으로 '총대와 음악'을 결합한 '선군시대'의 독특
한 정치방식으로 선전하고 있다.

모란봉악단 이전의 다른 악단

북한에서 걸그룹에 해당하는 악단이 처음 결성된 것은 1980년대 중반이었다.

보천보전자악단과 왕재산경음악단이 독립적으로 전자악단으로 출발했다. 은하수관현악단, 삼지연악단 등이 있었다. 이런 악단들은 대부분 김정일 국방위원장의 음악정치 업적으로 평가되고 있다.

김정은 국무위원장의 직접 지시로 이루어진 모란봉악단은 김정은의 정권강화와 정치적 지배담론을 선전하기 위한 주요 수단이라 할 수 있다.

모란봉악단의 구성원

모란봉악단의 출연진은 악기 담당과 보컬로 구분하고 있다. 모란봉악단의 단원들은 모두 전자클래식 악기를 사용하고 있다.

주요 단원으로는 단장 겸 전자바이올린(1명): 선우향희, 전자바이올린(2명): 홍수경·차영미, 전자첼로(1명): 유은정, 키보드(2명): 김향순·리희경, 피아노(1명): 김정미, 섹소폰(1명): 최경임, 드럼(1명): 리윤희, 전자기타(2명): 리설란·강령희, 보컬(8명): 김유경·김설미·류진아·박미경·박선향·정수향·리명희·라유미 등이 있다.

모란봉악단 공연 레퍼토리

모란봉 악단의 공연은 경음악, 독창, 중창으로 구성된다. 연주곡은 대체로 기존의 가요와 큰 차이가 있는 것은 아니다.

북한에서 널리 알려진 작품을 기본 레퍼토리로 하고 있다. 그리고 공연의 성격에 맞춰 곡명을 선택하고 있다. 북한에서는 자기 곡이나 표절이라는 개념이 없다. 자신의 노래를 만들고 부르는 것이 아니기 때문이다. 이는 우리나라와 개념이 완전히 다르다.

북한에서 가장 유명한 연예인

현재 북한에서 가장 유명한 연예인은 현송월이다. 2018년 삼지연관현악단이 우리나라에서 연주할 때, 단장 자격으로 왔던 인물이다. 우리 사회에서 크게 화제가 된 인물이다.

현송월이 언론에 집중적으로 주목을 받게 된 이유는 한때 우리 사회에서 입방아에 오르내렸던 각종의 루머 때문이다.

'카더라 식'의 보도가 사실 우리 국민들에게 흥미를 유발할 수 있기 때문이었는지 검증되지 않은 소문만 무성했다.

현송월은 누구인가

북한판 '걸그룹'이라고 불리는 모란봉악단의 단장이다. 현송월은 보천보전자악단의 가수 출신으로 유명하다.

2005년 보천보전자악단 가수 시절 노래 '준마처녀'를 멋지게 불러 김정일 국방위원장의 총애를 받은 마지막 애인으로 알려져 있다.

그런데 이것도 사실인지 의심스럽다.

가수 전혜영

북한에서 가수 전혜영의 인기는 남녀노소를 불문하고 대단한 인기가 있다.

2015년 평양에서 발간된 『통일신보』의 기사 내용을 보면, "워낙 인기 높은 가수라 사람들이 그를 만나려 줄을 서고 있다"는 대목이 있다. 가수 전혜영의 인기를 실감할 수 있다.

『통일신보』의 김춘경 기자는 "이제는 40대의 풍만한 중년부인인데, 아직도 청순한 눈빛과 해맑은 얼굴을 하고 있어서 10대 소녀 같다"고 기사를 썼다. 가수 전혜영의 미모는 상당한 것으로 추정된다.

가수 전혜영은 "1999년부터 거의 5년간 성대마비로 노래는 물론 말도 제대로 할 수 없는 큰 시련"을 겪은 바 있다.

가수 전혜영은 1988년 3월 보천보전자악단에 들어가 1992년 인민배우 칭호를 받았고, 현재 40대 후반의 나이로 현역 가수 활동을 하지는 않고 있다.

평양 만경대학생소년궁전의 성악지도교원(우리로 치면 교사)으로서 후대 교육사업에 종사하고 있는 것으로 알려져 있다.

북한에서 가장 인기 있는 노래

북한도 사람마다, 지역마다 선호하는 노래가 모두 다르다.

김정은 시대 들어 북한에서 가장 많이 부르는 노래를 꼽으라면 아마도 노래 〈세상에 부럼 없어라〉다. 이 노래는 어른, 아이 할 것 없이 많이 부르고 있다.

결혼식 날 마지막 곡으로 전체가 합창하는 노래가 바로 노래 〈세상에 부럼 없어라〉다. 이 노래는 모란봉악단이 종종 부르고 있다.

세상에 부럼 없어라

작사 집 체
작곡 김 혁

빠르지 않게 깊은 정서를 가지고

1. 하늘은 푸르-고   내마음 즐겁다   손풍금 소리울려 라
사람들 화목하게 사 - 는   내조국 한없이좋 네
(후렴)
우리의 아버진   김일성 원수님   우리의 집은당의 품
우리는 모두다 - 친 형제   세상에 부럼없어 라

2. 우리 힘 겪울자 그어데 있으랴
풍랑도 무섭지 않네
백두의 넋을 이어 빛나는
내 조국 두렴 몰라라
(후렴)

3. 동무들 다같이 노래를 부르자
손풍금소리 맞추어
천리마 나래펴는 내 조국
백화가 만발하였네
(후렴)

3. 언어

쉐기밥의 추억

2018년 남과 북의 정상이 만났다. 당시에는 통일이 내일 당장에 될 것 같은 느낌이었다. 그러나 아직도 우리는 북한을 여행할 수가 없다.

언젠가는 북한을 여행할 날이 올 것이라 믿는다. 그런데 북한을 여행하려면 북한 주민들이 쓰는 언어를 알아야 한다.

남과 북이 같은 한글을 쓰지만 사실 이해하기 어려운 부분이 많다. 우리가 편의점에서 흔히 먹는 밥이 있다. 삼각형처럼 생긴 것인데 삼각김밥이라고 부른다. 혹자는 주먹밥이라고도 부른다.

북한에도 주먹밥이 있을까?

그렇다. 북한에도 주먹밥이 있다. 그러나 주먹밥이라고 부르진 않는다.

쒜기밥

북한에서는 쒜기밥이라고 부른다. 북한에서 부르는 쒜기밥은 우리나라의 삼각김밥하고 비슷하다. 입쌀로 밥을 하고 그 안에는 자짠지(짱아지)가 들어간다.

개인적으로는 삼각김밥이 입에 맞는다. 익숙해서 그런가….

메뉴판

식당에 가면 가장 먼저 보는 것이 메뉴판이다. 영어와 한글의 합성어다.

〈메뉴판〉

참 자연스럽고 발음하기도 편하다. 그러면 북한에서도 메뉴판이라는 단어를 쓸까?

북한 식당에서는 '료리 차림표'라고 부르고 있다. 사실 이 정도는 누구나 쉽게 이해할 수 있는 북한 말이다.

북한에도 라면이 있을까?

개인적으로 라면은 그 이름만으로도 매력이 넘치는 음식이라고 생각한다. 물론 라면을 좋아하지 않는 사람이 있다. 그러나 라면을 사랑하는 사람이 훨씬 많지 않을까?

남과 북, 원래 우리는 하나였기에 북한에 사는 사람들도 라면을 사랑할 것 같은 느낌이 든다.

먼저 북한에 라면이 있는지 궁금하다.

북한에 라면이 있다. 그러나 부르는 이름이 남한하고 다르다.

꼬부랑국수

이건 또 뭔 소린가?

북한에서는 라면을 꼬부랑국수로 부르고 있다. 전혀 예상을 못했던 말이다.

그런데 생각해보니 라면이 꼬불꼬불 생겼다. 꼬부랑국수라고 불러도 이상할 것은 없는 것 같다.

물론 최근에는 북한도 '라면'이라는 단어를 쓰고 있다.

북한판 면 요리

우리나라에서는 보통 면과 관련해서 찬 음식은 냉면, 따뜻한 국물이 있는 면 요리는 국수, 인스턴트 면으로 만든 음식은 라면으로 부르고 있다.

북한은 어떨까?

북한도 우리와 크게 다르지 않다. 엄밀히 말하자면 북한에서는 냉면을 국수로 통칭해서 부르고 있다.

북한에서는 찬 국물의 면 요리를 냉면 대신에 국수로 부르고 있다.

뜨거운 국물의 국수는 온면이라고 부르고 있다.

우리가 알고 있는 대표적인 북한의 냉면은 평양냉면과

함흥냉면이 있다. 우리 국민들 입맛에 가장 맞는 냉면이 있다면 그것은 함흥냉면이다. 북한에서는 이 냉면을 녹말로 만들었다고 해서 농마국수로 부르고 있다.

그러면 평양냉면은 뭐라고 부를까?

평양냉면은 메밀가루로 만든다. 그래서 메밀국수라고 부를 것 같았다. 그러나 그렇게 부르지 않는다.

국수

북한에서 보통 평양냉면을 국수로 통칭해서 부르고 있다. 물론, 평양냉면이라고도 부른다.
북한이 냉면을 국수로 부르는 데에는 이유가 있다. 북한에서 냉면은 우리처럼 얼음이 동동 떠있는 것이 아니다. 차가운 그릇에 육수를 담아 나오는 것이 특징이다.

함흥농마국수

음식감

농마	····· 750g	닭알	·······1알	마늘	····· 25g	신고추	···· 0.5g
돼지고기	·· 100g	소금	····· 20g	사탕가루	···· 5g	백반	········ 8g
배	····· 50g	간장	····· 50g	고추가루	·· 25g	맛내기	··· 2.5g
김치	····· 350g	기름	····· 20g	후추가루	·· 1g		
오이	····· 50g	파	········ 50g	닦은참깨	···· 1g		

만드는 방법

1. 농마는 90℃의 물(가루량의 50~55%)을 두고 반죽하다가 백반을 푼 물을 겉면에 바르고 더 반죽한 다음 분틀에 넣고 끓는 물에 눌러 1~2분동안 저가락으로 저어주면서 삶는다. 삶아낸 국수를 2~3번정도 찬물을 갈아대면서 씻은 다음 사리를 지어 채반에 놓고 물을 찌운다.

2. 돼지고기는 찬물에 넣고 떠오르는 거품을 걷어내면서 2시간정도 삶는다. 고기가 다 익으면 건져 길이 5㎝, 너비 2㎝정도로 얇게 편을 내고 국물은 받아 소금, 간장, 맛내기로 색과 맛을 내여 차게 식힌다.

북한의 도시락

요즘은 우리나라 학교에서 급식을 실시하고 있다. 개인적으로 참 좋은 정책이라고 생각한다. 학교 다닐 때, 도시락을 깜박 잊고 학교에 간 경우가 종종 있었기 때문이다. 1990년대 얘기다.

기성세대들은 도시락을 '벤또'라고도 부르기도 했고. 지금도 그렇게 부르는 분들이 종종 있다. 그러면 북한에서는 도시락을 뭐라고 부를까?

북한에서는 도시락을 '곽밥'이라고 부른다. 곽에 담긴 밥이라서 그렇게 부르고 있다.

그런데 실생활에서는 '벤또'를 더 많이 쓴다.

북한에서 컵은 고뿌?

그렇다. 북한에서는 '컵'을 '고뿌'로 부르고 있다.
당근은 '닌징'으로 부르고 있다.

'닌징'은 정말 처음 듣는 단어다.

북한이 김일성 시대 때부터 순우리말로 바꾸는 언어
정책을 펼친 바 있다. 그러나 북한 주민들 사이에서는
아직도 '벤또'처럼 여전히 일본식 발음을 사용하는 경
우가 있다.

이건 정책의 실패인가?

북한식당에서 느낄 낯설음

"술은 생맥주를 좋아하는데, 오늘은 빼주로 하자요, 안주는 발쪽과 락화생으로 하세!"

북한에서 생맥주를 '날맥주'라고 한다고 배웠다. 그러나 북한에서도 생맥주라는 말을 쓰고 있다. '빼주'는 고량주를 말하는데, 사실 우리 어르신들 중에 종종 쓰는 분들이 있다.

안주에서 발쪽은 '족발'을 의미한다.
락화생은 '땅콩'이다.

개인적으로 '빼주'에는 안주가 김치찌개가 좋은데, 북

한에 김치찌개가 있을까?

솔직히 궁금해서 찾아봤다. 북한도 김치를 먹는다. 김치찌개가 있는 것은 당연하다.

북한에서는 남한과 다르게 찌개를 '남비탕'으로 부른다고 배웠다. 정말로 그런지 자료를 찾아봤다. 북한 요리 책자에는 '찌개'라는 말이 있다.

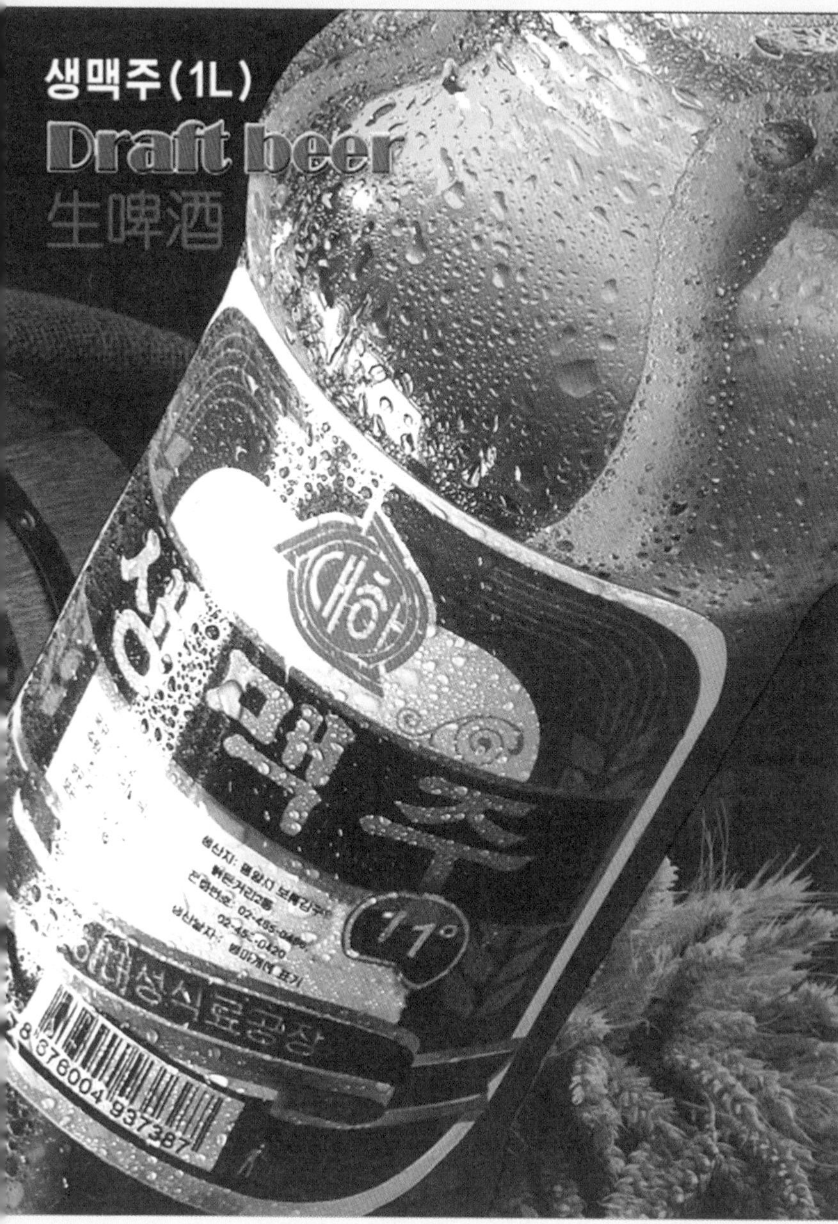
생맥주(1L)
Draft beer
生啤酒
11°

순두부굴찌개

음식감 (2명분)

순두부	200g	파	15g
굴	100g	붉은 고추	10g
소금	4g	마늘	10g
간장	20g	고수	5g
참기름	10g	조개국물	200ml

만드는 방법

① 굴은 연한 소금물에 씻어서 조리에 건져놓는다. 붉은 고추와 고수는 잘게 썰고 파는 엇썰며 마늘은 다진다.

② 참기름, 파, 마늘, 간장, 소금을 한데 두고 고루 섞어 양념장을 만든다.

③ 남비에 순두부와 조개국물을 붓고 끓이다가 굴을 넣고 끓이면서 양념장을 넣는다.

④ 굴이 익고 양념맛이 고루 들면 붉은 고추와 고수를 뿌려 낸다.

건배

혼자 마시는 경우를 제외하고, 둘 이상이 모여 술을 마시면 늘 하는 것이 있다.

〈건배〉

우리 사회에서는 건배 말고도 참으로 많이 만들어서 부르고 있다. 북한에서는 건배를 '쭉 냅시다'라고 하고 있다.

그런데 이것 말고도 또 있다는 사실에 놀랐다.

북한에서 잔을 부딪치면서 '찧읍시다'라는 말을 많이

한다.

북한에서 '쩧다'라는 말은 '어떤 대상에 무엇인가를 마주 부딪는다'라는 의미다.

'쭉 땁시다'라는 말도 쓰고 있다. 이것은 '쭉 냅시다'와 같이 널리 사용하고 있는 말이다. '쭉 땁시다'는 '원샷'에 가까운 의미로 쓰이고 있다.

북한식당에서 본 이색 음식

중국이나 러시아, 동남아시아에 가면 북한 식당에 들어갈 수가 있다. 사실 모르고 들어가는 경우가 대부분이다. 북한 식당에 가면 우리가 흔히 먹는 음식인데 이름이 다른 경우가 있다.

'청국장'을 북한에서는 '썩장'이라고 부르고 있다. 외국인들이나 청국장을 처음 보는 분들에게 전달력이 확실한 것은 아마도 '썩장'이 더 제격인 것 같다는 느낌이 든다.

막상 북한식당에 가서 '썩장'을 보면 뭔 음식일지 고민하게 된다.

'닭알두부'가 있다. 이게 바로 계란찜이다. 듣고 보면
이해가 가는 음식이지만 이름만 놓고 보면 이해할 수
없는 음식이다.

'보가지국'은 '복엇국',

'닭곰'은 '닭곰탕',

'고기마룩'은 '고깃국'이다.

썩장 (띄운콩장)

콩을 띄워서 담근 장이다.

썩장을 만들자면 먼저 앞에서 서술한 방법대로 띄운콩을 만든다.

다음 띄운콩을 절구에 넣고 소금으로 간을 맞추면서 콩쪼각이 절반정도 남아있게 찧는다.(기호에 따라 띄운콩을 찧지 않고 그대로 쓸수 있다.) 이것을 단지에 넣고 랭장고에 보관한다.

썩장을 만들 때 쓰는 소금량은 띄운콩 10kg당 1kg정도이다.

썩장은 색갈이 거무칙칙한 밤색이며 진득진득한 점액질이 있고 약간 불쾌한 냄새가 난다. 썩장을 넣고 국을 끓일 때 처음에 약간 불쾌한 냄새가 나는데 계속 끓이면 그 냄새가 없어지고 국맛은 명태장국처럼 구수해진다.

우리가 알고 있는 잘못된 북한 말

1998년 개봉된 영화 〈쉬리〉를 아는 사람이 있다면 더 이상 신세대는 아니다. 최근에 강의를 하면서 놀란 것은 이 영화를 모르는 친구들이 상당히 많다는 것이다. 여하튼.

영화 〈쉬리〉 이후로 우리나라에서는 북한과 관련한 영화들이 참 많이 개봉됐다. 국민들로부터 사랑을 받은 영화도 있지만, 철저하게 외면 받은 영화도 많다. 그런 영화들에서 공통적으로 들을 수 있는 북한 말들이 있다.

날래날래 오라우.

위의 용어를 국내에 거주하는 북한이탈주민들에게 물어봤다.

북한에서 쓰지 않는 경우가 의외로 많다고 한다. 실제로 한 북한이탈주민은 처음으로 들어 본 단어라고 말했다.

북한에서 쓰는 국가 이름

북한과 가장 가까운 거리에 있는 나라가 있다.

바로 러시아다.

북한에서는 러시아를 '로씨야'로 표기하고 있다.

'로씨야'를 보고 이게 뭔가 싶었다. 이처럼 남과 북이
쓰는 말 중에서 딱 보는 순간 이해하기 어려운 단어들
이 상당히 많다.

우리나라에서는 박항서 감독이 축구감독으로 있는 국
가를 베트남이라고 부르고 있다. 예전에는 월남, 웰남
이라고 불렀고, 현재는 할머니 할아버지들이 가끔 월
남 혹은 웰남이라고 부르곤 한다.

북한에서는 베트남을 뭐라고 부를까? 웰남으로 부르고 있다.

멕시코는 '메히꼬'로 부르고 있다. 예전에 일본인이 지하철에서 막걸리를 '마꼬리'라고 불러서 이게 뭔가 싶었던 기억이 나는데, '메히꼬'도 도통 알 수가 없는 단어다.

우리나라하고 축구로 인연이 있는 국가이자, 초콜릿으로 유명한 국가가 바로 벨기에다. 북한은 벨기에를 '벨지끄'로 부르고 있다.

오스트리아는 '오지리'라고 부르고 있다. 이건 아직까지도 쉽게 기억하지 못하고 있는 단어다.

아랍에미레이트연합은 '아랍추장국'으로 부르고 있다. 개인적으로는 국가 이름을 좀 예쁘게 잘 지은 것 같다는 생각이 든다.

그리고 정말 어려운 단어다. 우리나라하고 형제 국가, 이것은 모르면 간첩이라 해도 과언이 아니다. 바로 터키다. 북한에서는 터키를 '뛰르끼예'라고 부르고 있다. 정말 어렵다.

북한이 부르는 국가명과 남한이 부르는 국가명이 이렇게나 다르다. 물론, 듣고 보면 이해가 가지만 언뜻 봐서는 모를 수 있다.

북한의 외래어

북한에는 외래어가 없다고 생각하고 있다. 그런데 국가 명을 보면 외래어라고 생각할 수 있는 이름들이 있어서 솔직히 조금 놀랐다.

그렇다면 북한에 외래어가 있을까?

정답: 북한에 외래어가 있다.

북한 당국이 한글 사용을 장려했지만 현실적으로 불가능한 단어들은 외래어를 용인했다.

남한에서는 외래어가 주로 일본어나 영어가 많다.

북한은 주로 러시아어가 많다.

한 가지 예를 들어 보겠다.

북한에 고기순대라는 말이 있다. 이 고기 순대는 남한 말로 하면 소시지 정도로 해석할 수 있다.

북한에서는 영어식 표현에 가까운 소시지라는 말을 안 쓴다. '꼴바싸라'는 러시아어를 쓰고 있다.

요즘 우리나라에서 저렴하면서도 가깝게 해외여행을 갈 수 있는 곳으로 러시아 블라디보스톡이 유명하다.

북한에서는 '블라디보스톡'이라고 부르지 않는다. 특이하게도 '울라지보스또끄'라고 부르고 있다. 실제로 러시아 블라디보스톡에 가면 '울라지보스또끄'라고 적혀 있는 것을 쉽게 볼 수가 있다.

북한에서 쓰는 외래어 중에서 영어

북한에서 영어는 금지어라고 생각하고 있다. 1990년대 대학에 다닐 때 선배들이 콜라를 이렇게 불렀다.

미제의 똥물

지금 들으면 참으로 웃긴 말이다. 미제의 똥물이라니 작명하나는 기막히게 한 것 같다. 남한에서도 운동권 선배들은 얼마나 미국이 싫었으면 저렇게 불렀을까 싶은 생각이 든다. 그러면 북한도 미국을 싫어하니깐 영어로 된 외래어는 당연히 없을 것 같다.

땡!

북한에는 영어를 기본으로 한 외래어가 있다. 남한이
나 북한이나 굽은 길이 있기 마련이다. 북한에서는 꼬
불꼬불한 길을 '카브'라고 부른다.

미국 사람들이 쓰는 돈을 미제의 돈이라고 부를 것 같
지만 '딸라'로 부르고 있다.

상품목록을 남한은 '카달로그'라고 부르는 반면, 북한
에서는 '까딸로그'라고 부르고 있다.

어르신들이 가끔 버스를 통근버스라고 부르는 경우가
있는데, 북한에서는 버스를 '통근뻐쓰'라고 부르고 있다.

북한의 외래어는 청년 세대들이 이해하기는 어렵지만
기성세대들은 쉽게 공감할 수 있는 것 같다.

안해

남한에서 남편이 부인을 부를 때, '아내'라고 쓴다. 솔직히 요즘 결혼하는 사람들이 쓰는 단어는 아니다.

북한에서는 뭐라고 부를까?

'안해'라고 부른다.

북한에서 '안해'는 싫다는 뜻이 아니다. 남한에서 부르는 아내의 의미다.

현대조선문학선집

93

장편소설

안 해

윤 세 중

문학예술출판사
주체108(2019)

북한의 과자 이름

어려서부터 과자를 좋아했다. 그리고 지금도 과자를 좋아하고 있다. 과자를 빼고 삶을 얘기할 수가 없을 정도다.

북한에도 과자가 있다. 기름과자와 설기과자가 있다. 졸인젖으로 만든 소젖가루도 있다.

이게 무슨 말인지 도통 모르겠다.

기름과자는 캐러멜을 의미한다.

설기과자는 카스텔라를 지칭한다.

졸인젖으로 만든 소젖가루는 유제품으로 만든 분유를 뜻한다. 같은 언어를 쓰고 있지만 참 많이도 다르다는 생각이 든다.

과자에 보통 방부제가 들어 있는데, 북한도 방부제가 있다.

그러나 용어는 다르다. 북한에서는 방부제를 '썩음막이약'으로 적고 있다. 사실 방부제보단 '썩음막이약'이 보다 더 전달력이 좋은 것 같다.

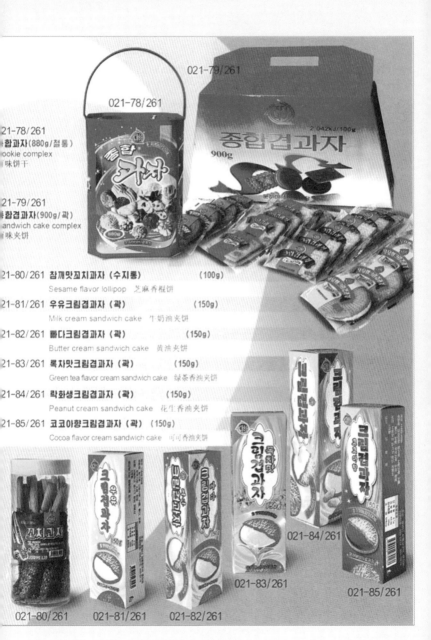

021-78/261
합과자(880g/철통)
ookie complex
味饼干

021-79/261
합겹과자(900g/곽)
andwich cake complex
味夹饼

021-78/261

021-79/261

2 042KJ/100g
종합겹과자
900g

021-80/261 **참깨맛꼬치과자 (수지통)** (100g)
Sesame flavor lollipop 芝麻香棍饼

021-81/261 **우유크림겹과자 (곽)** (150g)
Milk cream sandwich cake 牛奶油夹饼

021-82/261 **빠다크림겹과자 (곽)** (150g)
Butter cream sandwich cake 黄油夹饼

021-83/261 **록차맛크림겹과자 (곽)** (150g)
Green tea flavor cream sandwich cake 绿茶香油夹饼

021-84/261 **락화생크림겹과자 (곽)** (150g)
Peanut cream sandwich cake 花生香油夹饼

021-85/261 **코코아향크림겹과자 (곽)** (150g)
Cocoa flavor cream sandwich cake 可可香油夹饼

021-80/261

021-81/261

021-82/261

021-83/261

021-84/261

021-85/261

병원에서 보는 북한의 말

북한에 가면 병원에 갈 일이 생길지도 모른다. 북한 병원에서는 어떤 말들이 있을까?

남과 북, 의학용어가 많이도 다르다.

여행지에 가면 편두통이 오는 경우가 있다. 북한에서는 편두통을 '쪽머리아픔'으로 부른다.

뉴스에서 종종 볼 수 있는 조류인플루엔자를 북한에서는 '철새독감'으로 부르고 있다.

북한에는 '왁찐'이라는 단어가 있다. 솔직히 처음으로

보는 단어고 상당히 궁금했다.

북한에서는 백신을 '왁찐'으로 부른다.

치통이 심한 분들은 치과에 가서 '이쏘기'라고 하시면 북한의 치과 의사가 쉽게 알아들을 것이다.

그리고 이삭기는 충치를 뜻하고, 이몸곪기는 잇몸질환을 의미한다.

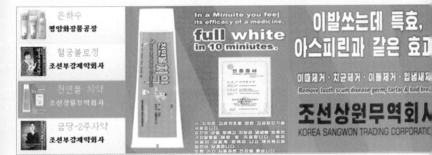

북한의 치약 광고

오해하기 쉬운 북한 말

북한 말 중에서 우리가 들으면 심하게 오해할 수 있는 말들이 있다. 그 중에서 두 가지만 언급하고자 한다.

옷가게 가면 "당신은 약하군요."라는 말을 들을 수가 있다. 여기서 약하다는 것은 '나약하다'라는 의미가 결코 아니다.

북한에서는 '날씬하다'라는 의미로 '나약하다'라는 말을 쓰고 있다. 북한에서는 좋은 의도로 말한 것이지만, 남한에서는 오해하기 쉬운 말이다.

북한에서는 사람을 두고 개고기라는 말을 종종 쓰고

있다. 북한에서 개고기는 철면피를 말하고 있다. 우리가
알고 있는 개고기는 북한에서 단고기로 부르고 있다.

북한에서 사람에게 개고기라고 말했다고 해서 화내거
나 당황하지 말자.

지역별 북한의 말투

남한에는 지역별로 억양이나 말투, 단어가 천차만별이다. 북한은 어떨까? 북한도 남한과 비슷하다. 지역별로 편차가 심하다.

평양이나 평안도 쪽 사람들의 말은 상당히 나근나근한 편으로 보고 있다. 억양도 드세지 않다고 평가를 하고 있다.

하지만 함경도 쪽 사람들의 말은 억센 편으로 보고 있다. 실제로 단어를 사용하는 것도 그렇고 억양이 상당히 드센 것으로 평가하고 있다.

4. 미용

북한에서도 화장품을 만들고 있다 / 북한의 화장품과 관련한 정책 / 화장품 공장 이름이 특이하다 / 북한에서의 미용 용어 / 북한의 수출용 화장품 / 북한의 화장품 판매점 / 미(美)의 관심도 / 북한에서의 아름다움 / 메이크업은 사람들 취향에 따라 달리 한다 / 평양에서의 미용 서비스 / 지방에서의 미용 서비스 / 눈썹 문신 / 북한 여성들의 화장법 / 밑화장품이 뭘까? / 북한의 화장법을 소개합니다 / 북한의 여성들은 화장을 어디서 배울까? / 남한과 북한의 화장법 차이가 있을까?

북한에서도 화장품을 만들고 있다

솔직히 북한에서 화장품을 만드는지 관심이 없다. 특별히 생각해본 적도 없다. 다만 최근 유튜버 중에 북한 화장품으로 화장을 한 사례를 본 적은 있다.

북한에 화장품이 있는지를 유튜브를 보고 알았다. 내수용 화장품으로 가장 인기가 있는 화장품 브랜드가 바로 '봄향기'다.

이 화장품 브랜드는 김정일 국방위원장이 직접 만들었다고 한다.

POMHYANGGI

Kaesong Koryo Insam Cosmetics

조선화장품무역회사

KOREA COSMETICS TRADING COMPANY

북한의 화장품과 관련한 정책

북한도 국가다. 그래서 분야별로 전략이 있다. 화장품과 관련된 정책은 김일성 주석의 항일운동 시절로 거슬러 올라간다. 그리고 그 내용은 북한에서 가장 유명한 책인 『세기와 더불어』라는 김일성 회고록에서 엿볼수 있다. 이 책을 보면 혁명을 하는 여성들이 일 년 내내 분도 바르지 못하는 것을 김일성 주석이 안타까워하는 부분이 있다.

그래서 그런가? 전후 복구 시기의 북한은 중공업을 우선으로 한 정책을 펴는데, 유일하게 경공업 부문에서 중요하게 다루는 분야가 바로 화장품이었다.

1949년 신의주화장품공장을, 1957년 평양화장품 공장을 예외적으로 건설했다. 전후 복구 시기에 북한이 화장품 공장을 세웠다는 것은 그만큼 관심이 상당히 컸다는 것을 의미한다.

현재 화장품 공장은 9개 있다.

함남 단천, 단천화학일용품공장

함남 리원, 리원화학일용품공장

평양 모란봉 구역, 묘향천호합작회사

평북 신의주, 신의주화장품공장

평북 염주, 염주화학일용품공장

청진시, 청진화장품공장

평양시, 평양향료공장, 평양화장품공장

함흥, 함흥향료공장

화장품 공장 이름이 특이하다

화장품 공장 이름 중에는 '일용품'이라는 글이 있어서 신기하다. 화장품을 만들면서 비누, 치약 등과 같은 제품을 만들기 때문이라는 생각이 든다. 자료를 찾아보니 실제로 화장품을 생산하면서 빨래비누, 비누, 초, 치약, 머릿기름 등과 같은 화학제품들을 생산하고 있다.

북한에는 화학제품을 생산하는 공장이 9개가 있다. 그리고 화학일용품을 생산하는 기업은 46개가 있다.

이 정도 기업이면 북한 주민들에게 충분히 공급할 수 있을까?

북한에서의 미용 용어

헤어오일을 북한에서는 '머릿기름'이라고 부르고 있다.
'살결물'이라는 단어가 있다. 스킨을 의미하고 있다.

로션을 '물크림'으로 부르고 있다. 영양크림은 '기름크
림', 비비크림을 '삐야로'로 부르고 있다.

볼터치는 '볼분', 립스틱은 '입술연지' 또는 '구홍'으로
부르며, 마스크 팩은 '미안막'으로, 샴푸는 '머리물 비
누'로 부르고 있다.

남과 북의 미용용품과 관련된 용어가 많이 다르다. 미
용 관련 언어통합의 필요성은 얘기하지 않겠다. 그냥
북한에서 쓰는 말이 뭔지 알면 좋겠다.

평양화장품공장 Pyongyang Cosmetics Factory 平壤化妝品厂
0085-02-341-8168 E-mail: mh 20150204@star-co.net.Kp
2-438-0028, 02-438-2542

천연장미수를 주원료로 하는
유성피부용화장품

Cosmetics for oily skins made
with natural rose extracts as the
main material

以天然玫瑰水为主原料的油性皮
肤用化妆品。

021-20/47
은하수화장품(7종)
Unhasu cosmetics
(a set of seven kinds)
银河化妆品（7种）

물크림	Milk cream	洁肤水	(80ml)
살결물	Lotion	花露水	(80ml)
세척크림	Cleansing cream	洗肤乳	(100ml)
머리칼고착제	Hair gel	头发定型液	(250ml)
분크림	Foundation cream	粉霜	(10g)
크림	Cream	雪花膏	(50ml)
영양크림	Nutrient cream	营养乳	(50ml)

북한의 수출용 화장품

북한은 화장품을 수출용과 내수용으로 명확히 구분하고 있는 것이 아니다. '봄향기' 화장품은 내수용이면서도 20여 개국에 수출을 하고 있다. 다만 '봄향기' 화장품이 북한 주민들로부터 인기가 있어서 주로 내수용으로 판매하고 있을 뿐이다.

북한에서 '봄향기' 화장품이 대표적인 내수용 화장품이라면, '너와나' 화장품은 대표적인 수출용 화장품이다.

'너와나' 화장품은 각종의 약재 성분을 추출해 만든 기능성 화장품이다. 북한은 기능성 화장품의 경우 노화방지에 좋다고 광고를 하고 있다.

북한의 기능성 화장품은 우리나라와 마찬가지로 천연 재료를 주원료로 사용하고 있다. 북한의 화장품은 화학재료를 쓰기보다는 주로 천연 재료를 많이 쓰는 것이 특징이다.

'광량' 화장품은 평남 온천군 광량만에 있는 유황갯벌로 만들고 있다. 북한은 각종 피부트러블을 확실하게 잡아준다고 광고를 하고 있다.

참고로 북한에서 고급 화장품은 '은하수'다.

북한의 수출용 화장품 브랜드 '은하수'

북한의 화장품 판매점

북한에서 화장품은 백화점이나 상점에서 구입이 가능하다. 물론 장마당에서도 화장품 구입이 가능하다.

최근 평양의 화장품 판매점에 피부측정기가 등장해서 화제가 된 적이 있다. 우리나라 화장품 전문 매장에서 흔히 볼 수 있는 피부 측정기라고 생각하면 된다.

북한의 화장품 판매점

미(美)의 관심도

북한 여성들도 아름다움에 관심이 많을까? 북한 여성들도 사람이라는 것을 인식하고 있다면 답은 뻔하다. 북한 여성들도 남한 여성과 같이 아름다움에 관심이 많다. 심지어 아름다움과 관련한 책도 있다.

북한에서 여성들이 하는 말이 있다. "옥수수 죽을 먹더라도 화장품은 고급을 써야 한다"라는 말이다.
북한 여성들이 화장품에 관심이 높다는 것을 보여주는 대목이다.

문제는 화장품이 비싸다. 북한에서 화장품은 공식적으로 백화점이나 국영상점에서 구매가 가능하다. 비공식적으로는 장마당에서 구입을 하고 있다.

화장품을 어디에서 구입하든지 상관은 없지만 가격에
서 차이가 상당히 크다. 백화점이나 국영상점은 비싼
편이라서 주로 평양 주민이나 간부에 해당하는 계층들
이 구매를 하고 있다.

일반 주민들의 경우 개인이 만든 브랜드가 없는 화장
품을 구입하거나, 장마당에서 저렴한 수입산 화장품을
구입해서 쓰고 있다.

화장과 우리 생활

누구나
아름다와질수 있다

조선출판물수출입사

주체106(2017)

북한에서의 아름다움

잘생긴 사람의 기준은 시대가 바뀌면서 변하고 있다. 우리나라에만 국한된 얘기가 아니다. 북한도 아름다움의 기준은 시대가 변함에 따라 변하고 있다. 그리고 사람마다 기준이 각기 다르기 때문에 미(美)의 정답을 말하기 어렵다.

북한에서 아름다운 여성의 기준은 남한에서 생각하는 것과 조금 다르다.

북한에서 아름다운 여성의 롤 모델은 김정은 국무위원장의 부인인 리설주 여사다.

김정일 국방위원장의 모친인 김정숙 여사가 북한에서는 국모로서 여성들이 본받아야 할 이상향이다. 김정숙 여사가 리설주 여사와 비슷한 이미지라는 면에서 북한의 대표적인 미인이다.

김정은 국무위원장과 리설주 여사

메이크업은 사람들 취향에 따라 달리 한다

북한 당국은 화장을 '민족적 특성에 맞게 해야 한다'고 말하고 있다. 그렇다고 해서 화장에 관한 구체적인 지침이 있는 것은 아니다. 때와 장소에 맞게 해야 한다는 것을 말하는 것이다. 한마디로 각자의 개성에 맞게 해야 한다는 것을 말한다.

사회주의 생활양식은 '화장을 건전하고 고상한 문화가 반영되게 할 것을 요구하고 있다면서 변태적인 화장은 사회의 건전한 분위기를 흐린다'고 말하고 있다. 따라서 북한에서 화장은 사회주의 생활양식과 민족적 특성, 시대적 미감에 맞게 해야 한다는 의미다.

북한에서 말하는 변태적 화장이란 색조화장을 의미하고 있다. 북한은 기초화장품이나 메이크업과 관련된 화장품은 생산과 유통을 묵시적으로 용인하고 있다. 그러나 색조화장품은 생산과 유통 자체를 못하게 규제하고 있다.

평양에서의 미용 서비스

북한은 평양과 지방의 지역 편차가 상당히 크다. 그래서 어디를 기준으로 말해야 할지 상당히 고민이 된다. 평양시에는 창광원, 문수원, 류경원 등과 같은 대형 미용실이 있다. 북한을 대표하는 미용실이다.

평양의 미용실에서는 기본적으로 머리 손질을 해준다. 그리고 목욕탕을 운영하거나 세탁을 겸업으로 하는 곳도 있다.

창광원의 경우 화장을 전문적으로 해주는 곳이다. 평양에서 굉장히 세련된 미용실이다. 인테리어나 시설이 우리나라의 메이크업 숍과 비교해도 손색이 없을 정도

로 고급스럽다. 그런 만큼 이용 요금은 상당히 비싼 편
이다. 창광원을 이용하는 사람들은 주로 주민들보다는
외국인이 많다.

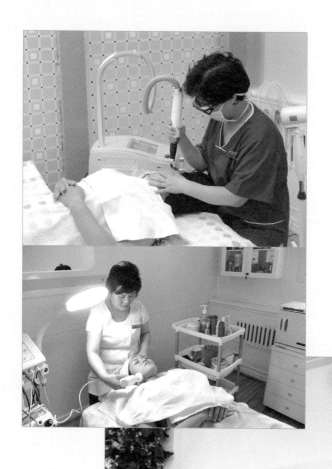

화장방법보급실

지방에서의 미용 서비스

지방은 평양과 달라서 미용과 관련된 물건이나 전문
인력이 상당히 부족하다. 그래서 우리가 생각하는 미
용실만큼 괜찮은 숍을 찾기 어렵다.

지방에서 미용실을 제대로 운영을 할 수 없는 이유는
무엇보다도 노력동원이라고 해서 국가사업에 차출돼
일을 해야 하는 경우가 많기 때문이다. 미용실을 제대
로 운영하기 위해서는 환경과 구조가 뒷받침돼야 하지
만 현실적으로 불가능하다.

예를 들어 파마를 하려면 파마 약이 필요하다. 지방 미
용실은 화학공장에서 생산된 제품을 공급 받아야 한

다. 그러나 화학공장에서 생산되는 파마 약이 충분하지 않다. 각 지방의 미용실에서는 파마 약을 언제 받을지 모르기 때문에 미용실을 정상적으로 운영하는 데에는 한계가 있다. 따라서 지방의 경우 미용실을 가더라도 제대로 된 서비스를 받는다고 확신을 할 수가 없다.

눈썹 문신

요즘 한국 사회에서는 눈썹 문신을 하는 분들을 종종 볼 수가 있다. 북한에서 눈썹 문신이 가능할까?

북한에서 눈썹 문신이 가능하다.

심지어 북한에서는 눈썹 문신이 획일화 된 것이 아니라 시대에 따라 유행하는 스타일도 다르다. 2010년에는 갈매기 눈썹이 유행을 했다면, 최근에는 평이한 눈썹이 유행을 하고 있다.

북한에서 눈썹 문신은 병원에서 하는 것이 아니다. 북한 전역에 퍼진 400여 개의 장마당에서 이뤄지고 있다.

주로 눈썹 문신은 장사꾼들이 해주고 있다. 가격은 정해진 것이 아니라 천차만별이지만, 옥수수 10kg 정도면 현물로도 거래가 가능할 정도다.

북한에서 문신은 불법이라서 눈썹 문신도 법으로 규제할 것으로 생각을 했다. 하지만 북한은 눈썹 문신을 용인하고 있다. 특이한 것은 눈썹 문신을 하는 데 있어서 색깔도 제재하지 않는다. 그래서 갈색으로 눈썹 문신을 하는 경우가 있다.

그러면 북한에서도 노란 색으로 머리를 염색하는 날이 곧 오지 않을까?

북한 여성들의 화장법

북한은 화장품을 기초화장품과 밑화장품으로 구분하고 있다. 기초화장은 살결물과 물크림, 기름크림으로 구성된다.

살결물, 물크림, 기름크림이 북한 말이다. 그래서 우리가 쓰는 말로 바꾸면 스킨, 로션, 영양크림이다.
북한에서는 스킨 → 로션 → 영양크림 순으로 화장을 하고 있다.

살결물(스킨)은 화장을 하기 전에 쓰면 피부손상을 막을 수 있어서 과민성 피부를 가진 사람에게 꼭 필요하다고 설명을 하고 있다.

물크림(로션)은 물크림은 여성들이 밑화장을 하기 전에 사용하면 부착성을 높일 수 있다고 광고한다.

영양크림(기름크림)은 피부보호제품에 가장 대표적인 화장품으로 설명을 하고 있다.

밑화장품이 뭘까?

밑화장품에는 '분크림고체분', '수정도랑', '명암도랑' 이 있다.

분크림은 화장과 분장 등 사람의 외모를 변화시키는데 없어선 안 된다. 그만큼 중요하다.

고체분은 유성피부를 가진 사람들이나 물크림을 사용한 다음 이용할 수 있다.

수정도랑과 명암도랑은 기미, 주근깨, 여드름 등의 잡티를 수정해주는 역할을 한다.

밑화장품부터

세척제

세척화장품에는 얼굴이나 몸, 손, 발, 머리를 비롯하여 몸의 모든 부분들을 세척해내는 화장품들이 속한다.

우리 생활에서 세척제가 노는 역할은 매우 크다.

자신의 외모를 위생문화적으로 가꾸는데서 없어서는 안되는것이 바로 세척제인것이다.

세척제는 그 품종이 용도에 따라서, 사람들의 생리적특성에 따라서도 각이하고 끝없이 변화발전되고있다.

가장 민감한 부위인 얼굴을 씻어내는 얼굴세척제에는 크게 액체로 된 세척제와 고체로 된 세수비누가 있고 또 용도와 주원료에 따라서 수백가지로 갈라져있다.

세수비누에는 일정한 량의 알카리성분이 들어있기때문에 기름기와 불순물들을 제거해주는 역할을 한다.

때문에 세면을 한 뒤에는 피부가 뻣뻣하거나 당기는감을 느끼게 되는데 이때에는 살결물과 물크림을 발라주어 피부가 당기는감을 없애주어야 한다.

세수비누

비누나 세척제에 들어있는 기본적인 화학성분은 같지만 어떤것을 목적으로 만들었는가에 따라서 기본성분이 달라질수 있다.

북한의 화장법을 소개합니다

북한의 화장법은 사람마다 각기 다르다. 대표적인 화장법을 하나 소개하면 아래와 같다.

북한에서는 화장법 중 하나로 '건조한 피부를 부드럽고 윤기 나게 하는 미안술'이라는 것이 있다.

구체적으로 세 가지 방법이 있다.

1. 계란 노란자위 한 알 분에 락화생(땅콩)기름을 적당히 넣어 섞은 다음 얼굴에 바르고 15분 후에, 계란 흰자위 한 알 분을 거품이 나게 잘 저어 덧바르면 된다.

15분 후에 더운 물로 씻으면 마른 피부가 부드러워진다.

2. 식초와 글리세린을 5 : 1의 비율로 섞어 거친 얼굴에 매일 바르면 부드러워진다.

3. 사탕무즙을 얼굴에 바르고 가볍게 문지른 다음 20분 있다가 맑은 물로 씻으면 된다.

북한의 여성들은 화장을 어디서 배울까?

우리나라 여성들은 화장을 배울 수 있는 곳이 다양하다. 반면에 북한 여성들이 화장을 배울 수 있는 경로는 매우 제한적이다.

북한 여성들은 빠르면 고등중학교 학생 또는 대학생부터 화장을 시작한다. 남한과 달리 화장을 배울 수 있는 기회의 폭이 크질 않아서 개인 스스로 터득하거나, 엄마나 친인척, 친구들을 통해 배우고 있다.

우리나라 1980년대 시절을 떠올리면 쉽게 이해할 수가 있다.

남한과 북한의 화장법 차이가 있을까?

북한은 화장을 할 때 도구를 사용하지 않는다. 이것이 남한과 다른 점이다.

기초화장을 하거나 밑화장(우리나라 말로 하면 색조화장)을 할 때 오로지 손으로 해결하고 있다.

손의 체온을 이용해 부드럽게 바르는 것이 북한 화장법이다.

기회가 되면 한 번 따라 해보는 것은 어떨까?

5. 신문방송

북한 신문의 아이콘 『로동신문』

북한을 대표하는 신문은 『로동신문』이다. 조선로동당 중앙위원회의 기관지다. 한마디로 조선로동당의 대변인 역할을 하고 있다.

1945년 11월 1일에 『로동신문』이 창간됐다. 조선공산당이 조선로동당으로 당명을 바꾸는 과정에서 1946년 9월 1일 『로동신문』으로 제호를 바꿨다. 이후로 특별한 일이 없는 한, 매일(6면) 발간하고 있다.

북한에는 『로동신문』 하나만 있는 것이 아니다. 북한도 우리와 마찬가지로 신문사가 많다. 중앙신문, 수도신문, 지방신문으로 구분해야 할 정도로 신문의 종류가 상당히 많다.

위대한 김일성동지와
김정일동지의 혁명사상
으로 철저히 무장하자!

로동신문

조선로동당 중앙위원회기관지

제246호 (루계 제25389호) 주체105 (2016)년 9월 2일 (금요일)

경애하는 김정은동지
령도따라 주체혁
위업을 끝까지 완성하자

사 설

김일성-김정일주의청년동맹기발을 펄펄 휘날리며
백두산청년강국의 위용을 만방에 떨쳐나가자

경애하는 김정은동지께

이딸리아 여러 정당소속 국회의원대표단이 선물을 드리였다

《김정일전집》 제14권 출판

선군정치로 나라의 자주권을 굳건히 수호

100여만t의 물동 증송

철도운수부문에서

북한의 중앙신문

북한의 대표적인 중앙신문은 『로동신문』과 『민주조선』, 『교원신문』, 『로동청년』, 『조선인민군』 등이 있다.

『로동신문』은 전국의 모든 당원들과 독자들을 대상으로 하고 있다.

『민주조선』은 전국의 인민정권기관 일군들을 대상으로 발간이 되고 있다.

『교원신문』은 전국의 교원들을 독자로 삼고 있는 신문이다.

『로동청년』은 청년을 대상으로 발간되는 신문이고, 『조선인민군』은 주된 독자가 군인이다.

『로동신문』의 구성

『로동신문』은 보통 6면으로 구성돼 있다.

1면은 김일성과 김정일, 김정은 등의 최고지도자와 관련된 내용을 주로 게재하고 있다. 간혹 경제나 산업, 농업과 관련된 생산현장 기사가 1면에 나온다.

2면은 주로 당과 행정부의 교시, 사상분야의 기사가 수록이 되고 있다.

3면은 경제나 산업 분야의 기사가, 4면은 사회나 교육, 문화예술과 같은 부문의 기사가 주로 실린다.

5면과 6면은 주로 통일이나 대남·대외 동향을 수록하고 있다.

『로동신문』의 특징

『로동신문』은 조선로동당의 입장을 대변하고 있다. 그래서 당의 견해를 대내외적으로 알리는 데 초점이 맞춰져 있다.

북한에서 당보는 "혁명과 건설에 대한 당과 수령의 령도를 제때에 알려준다. 그리고 혁명과 건설에 대한 당과 수령의 령도를 성과적으로 실현하는 데 매우 중요한 역할을 한다"고 규정돼 있다.

『로동신문』은 당과 수령의 사상과 의도를 대변하는 만큼 북한 사회에서는 상당히 중요한 언론매체다.

북한에서 가장 먼저 창간된 신문사

북한에서는 1945년 11월 1일 발간된 『로동신문』이 최초의 신문이다. 이후로는 북한 정부 기관지인 『민주조선』이 1946년 6월 4일에 발간됐다.

북한에서는 이 두 신문의 발행부수가 가장 많다. 『로동신문』이 150만 부 이상을, 『민주조선』이 60만 부 이상을 발간하고 있다.

그 외 북한 신문들은 1만 부 내외 정도로 발간을 하고 있다. 생각보다 신문 발행부수가 적어서 놀랐다.

북한에서 중앙신문과 지방신문의 차이

북한에서 중앙신문은 전국의 독자를 대상으로 하고 있다. 전국에서 벌어지고 있는 사건 사고들을 반영하여 보도하고 있다. 북한에서는 이런 신문을 보통 중앙신문으로 부르고 있다.

북한에서 중앙신문이 전국의 모든 현실을 보도하는 것은 아니다. 전국을 대상으로 한 만큼 굵직한 내용을 중심으로 보도를 하고 있는 것이 특징이다.

수도신문이나 지방신문은 각 지방의 생활이나 근로자들의 삶을 반영하고 있다. 지방신문은 해당 도 내의 근로자들을 사상적으로나 정치적으로 교양하는 데 주력하고 있는 것이 특징이다.

북한 지방신문의 종류

평양에는 『평양신문』이 있다. 『평양신문』은 1957년 6월 1일 창간됐다.

청소년을 대상으로 한 『소년신문』이 있다. 『소년신문』은 1946년 5월 5일에 창간됐다.

문학과 관련된 내용의 기사를 내보내는 『문학신문』이 있다. 1956년 12월 6일에 창간돼 현재까지도 꾸준히 발간되고 있다.

북한의 신문 배달 시스템

가정집에 가장 먼저 배달되는 것 중 하나가 바로 신문이다. 북한에서도 신문 배달을 하고 있을까?

북한도 신문 배달을 하고 있다.
북한에서 신문 배포는 당이나 정부의 고위 간부들에게 배달이 되고 있는 점이 남한과 다르다. 일반 가정을 대상으로 신문을 배달하는 일은 흔하지 않은 일이다.

북한에서 신문 배달은 대체적으로 집배원이 하고 있다. 학교나 협동조합, 직장 등과 같은 독자들이 있는 사회단체를 대상으로 집단배달을 하고 있기 때문이다.

『로동신문』이나 『민주조선』은 가두판매를 하고 있는 것이 특징이다. 주민들을 대상으로 판매하기보다는 외국인을 대상으로 호텔이나 상점에서 판매를 하고 있다.

기자들이 쓴 기사의 양

북한 신문이 우리와 크게 다른 부분이 있다면 본사 기자가 제공하는 기사의 비중이 우리와 비교해 상대적으로 많이 낮다는 점이다. 그나마 취재 기사의 대부분은 경제나 산업 분야에 집중돼 있다.

정치와 관련된 비판 기사는 거의 찾을 수 없다.

북한에서 기자들의 역할이 한정된 영역에 머물고 있기 때문이다. 본사 기자의 기사가 전체 신문에서 차지하는 비중이 17% 정도다. 기자들의 취재활동이 활발하지 않다는 것을 보여주는 대목이다.

북한 신문의 기사 유형

북한 신문에도 기사 유형이 다양하다. 기사 유형은 스트레이트 기사, 해설기사, 사설, 인터뷰 기사, 독자수기 등이 있다.

스트레이트 기사는 대외관계 뉴스 비중이 크다.

해설기사는 어떠한 사실에 기자나 독자의 의견이 들어간 것을 말한다. 주로 정책이나 교시, 사상 분야에서 많이 쓰이고 있다.

인터뷰 기사는 노동자나 당원을 대상으로 한 인터뷰를 말한다. 다양한 주제와 이야기를 담고 있는 것이 특징이다.

북한의 방송

북한도 방송이 있다. 북한에서 방송의 의미는 아래와
같다.

방송은 라지오나 텔레비죤으로 받아서 듣고 볼 수
있게 말과 음악, 소리와 영상을 전파에 실어서 보내
는 보도수단이다.

참고로 북한은 라디오를 '라지오'로 부르고 있다.

북한의 방송은 우리하고 완전히 다르다. 그러나 북한
이 규정한 방송의 정의를 보면 개인적으로 우리하고
크게 다르지 않다는 생각을 하게 된다.

북한하면 떠오르는 방송사

리춘희 아나운서가 등장하는 ≪조선중앙TV≫가 익숙하다.

≪조선중앙TV≫는 1963년 3월 3일 ≪평양TV방송국≫으로 개국했다. 이후 1970년 4월 15일, 김일성 주석의 생일을 기해 현재의 이름으로 개칭했다.

조금 흥미로운 사실이 있다. 칼라TV 방송은 북한이 우리보다 굉장히 빨랐다.

1974년 4월 15일 김일성 주석 생일을 기해 북한에서는 칼라 방송이 시작됐다.

필자의 상식으로 남한에서는 1980년 8월부터 칼라TV 시판이 허용됐고, 1981년 1월 1일을 기해 칼라 방송이 송출된 것으로 알고 있다.

남한과 비교해서 북한이 칼라 방송을 7년 가까이 먼저 시작을 했다는 것은 놀라운 사실이다.

≪조선중앙TV≫의 방송 시간

1996년까지 우리나라 방송시간은 북한과 비슷했다. 그래서 북한과 마찬가지로 근무시간에는 방송을 하지 않았다.

현재 ≪조선중앙TV≫는 평일의 경우엔 대략 오후 3시부터 밤 11시나 12시까지 방영하고 있다.

북한에서도 일요일과 공휴일에는 다들 쉰다. 그렇기 때문에 보통 오전 9시부터 밤 11시 30분 정도까지 TV를 볼 수 있다.

1 2 3 4 5 … 25 다음 끝 **1** 페지이행

[소개편집물]
화폭속에서 새겨안는 불멸의 업적 -유화《최전연초병들을 찾으시여》-
[2019-08-20]

[조선영화]
우리 할아버지
[2019-08-20]

[련속참관기]
위대한 력사 빛나는 전통 -조선혁명박물관들을 찾아서- 선군혁명령도의 첫 자욱
[2019-08-20]

[텔레비죤련속극]
첫 기슭에서 제4부
[2019-08-19]

[종합편집]
각지 전투장에서 들어온 소식
[2019-08-19]

[혁명일화]
타일공업의 본보기공장으로 꾸려주시려
[2019-08-19]

[성명]
재일동포자녀들에 대한 일본당국의 비렬한 탄압일삼위를 준렬히 단죄규탄한다 -조선해외동포원호위원회 성명-
[2019-08-19]

[소개편집물]
조국의 불빛을 지켜가는 등대원들 -평안북도해 길타식사업소.
[2019-08-19]

[소개편집물]
교정이 자랑하는 모범소년단원들 -대동강구역 문흥소학교.
[2019-08-19]

[련속참관기]
위인칭송의 고귀한 재보 -국제친선전람관을 찾아서- (10)
[2019-08-19]

[아동영화]
줄박이의 뉘우침
[2019-08-19]

[련속참관기]
계급투쟁의 철리를 새겨주는 력사의 고발장 -중앙계급교양관을 찾아서- 임오군인폭동 진압
[2019-08-19]

[소개편집물]
그들이 찾은 비결 -2중3대혁명붉은기 평양기초식품공장 -
[2019-08-18]

[아동영화]
원수같은 소년
[2019-08-18]

[련속참관기]
계급투쟁의 철리를 새겨주는 력사의 고발장 -중앙계급교양관을 찾아서- 부활하는 일본군국주의
[2019-08-18]

[재담]
한모습
[2019-08-18]

[소개편집물]
공화국국기와 로병 -전쟁로병 최병덕 -
[2019-08-18]

[조선영화]
아름다운 기슭
[2019-08-18]

[련속참관기]
전승의 력사 영원하리 -조국해방전쟁승리기념관- 전승사에 길이 빛날 근위부대들 (3)
[2019-08-18]

[련속참관기]
위인칭송의 보물고 -국제친선전람관을 찾아서- (8)
[2019-08-18]

북한 '조선의 오늘' 홈페이지에 게재된 ≪조선중앙TV≫ 프로그램

북한에서 방송을 총괄을 기구

우리나라에서는 대통령 직속으로 방송통신위원회가
있다. 이 기구가 방송과 관련해서 총괄을 하고 있고,
굉장한 힘이 있는 기구다.

북한도 남한과 같이 방송을 총괄하는 위원회가 있다.

'조선중앙방송위원회'

북한에서 이 기구는 정규방송체제에 포함되는 ≪조선
중앙방송≫, ≪조선중앙텔레비죤방송≫, ≪만수대 텔
레비죤방송≫, ≪평양유선방송≫ 등의 방송 관련 각종
의 내용을 통제하고 있다.

대남·대외방송을 담당하는 ≪개성텔레비죤방송≫이나 ≪평양라디오≫의 해외선전방송은 당의 대남사업부에서 총괄하고 있다.

'조선중앙방송위원회'의 조직은 국내보도부, 당정책혁명전통교양부, 대외방송편집국, 텔레비죤방송편집국, 국사편집부로 구성돼 있다.

대외방송편집국은 대외부도부, 대남보도부, 대남문예부로 조직이 구성돼 있다. 이 조직을 보면 남한에 관한 관심이 특별하다는 것을 확인할 수 있다.

북한 방송에서 외화를 방영한다면

1990년대는 케이블 방송을 상상도 못했다. 공중파 방송만 볼 수 있었기 때문이었는지 토요일 저녁에 볼 수 있는 외화 방영 프로그램이 가장 기다려졌다. '주말의 명화'를 볼 것이냐, '토요명화'를 볼 것이냐를 놓고 즐거운 고민을 했던 기억이 있다.

북한 방송에서도 외화를 방영할까?

1983년 12월 ≪만수대 TV≫가 개국되면서 제한적이나마 외국의 영화를 주로 방영을 했다. 그렇다고 해서 미국이나 서유럽의 영화를 방영한 것은 아니다. 주로 동구 공산권 영화나 중국의 TV프로그램을 방영했다.

북한 방송에서는 외국의 오락 프로그램도 방영을 한 적이 있다.

북한 방송을 보면 변화가 있다는 것을 체감하기 힘들다. 그러나 유심히 살펴보면 미약하지만 변화하고 있는 모습을 엿볼 수가 있다.

오락 프로그램 전용 방송사

북한의 방송은 뉴스가 거의 대부분일 것 같다. 솔직히 북한에서 예술영화나 여가에 초점을 맞춘 방송국이 없을 것 같은 생각이 든다.

그러나 북한에도 예능을 주로 방영하는 방송사가 있다.

≪만수대텔레비죤≫

전체 방송에서 10% 정도만 뉴스 프로그램을 방송하고, 대부분은 영화나 혁명가극, 음악, 여행 등으로 프로그램이 편성되어 있다.

혁명가극은 북한에서 최고로 치는 〈피바다〉라든지, 〈꽃 파는 처녀〉 등을 텔레비전 프로그램화해서 방영하고 있다.

북한에서 상영하는 외국 영화는 주로 헐리웃 영화가 아니다. 소련 영화다.

북한의 라지오(라디오) 방송

1945년 10월 14일에 라디오 방송이 시작됐다. 당시 개국한 방송 이름은 ≪평양방송≫이었다. 현재는 ≪조선중앙방송≫으로 부르고 있다.

북한의 라디오 방송은 주민들을 대상으로 하는 대내방송과 대남·대외로 보내는 대외방송이 있다.

대내방송은 하루 22시간씩 방송을 하고 있다.
대외방송은 조선말 방송을 포함해서 8개 국어로 방영하고 있다. 프로그램은 교양이 60%, 보도가 25%, 오락이 15%로 구성돼 있다.
흥미와 재미 위주의 방송은 아니다.

라디오 방송프로그램

라디오 방송 프로그램은 6가지 정도로 유형화 할 수 있다.

1. 보도
2. 논설
3. 교양
4. 연예
5. 스포츠
6. 어린이

보도는 뉴스를 말하고 있다. 최고지도자 동향이나 각종의 국내외 소식들을 전하고 있다.

논설은 주체사상이나 당의 정책들을 구체적으로 말하고 있다.

교양이라는 것은 사상교육을 의미하고 있다. 주로 김일성방송통신대학의 강좌 프로그램을 중심으로 방송 프로그램을 만들고 있다.

북한의 음악 중심 방송사

우리나라 라디오 방송을 보면 시사를 다루는 방송이 있고, 대중을 대상으로 가볍게 즐길 수 있는 방송이 있다.

북한도 음악을 중점적으로 방송하는 프로그램이 있는지 궁금하다.

북한도 음악을 중점적으로 방송하는 프로그램이 있다. 1989년 1월 1일 개국한 ≪평양FM방송≫이다.

주파수대는 92.5메가헤르츠나, 105.2메가헤르츠로 방송을 하고 있다. 가청권이 서울까지 도달하고 있어서 경기 북부 지역에서 들을 수도 있다.

방송은 외국음악, 대내가곡, 방송극 등으로 구성돼 있다. 대내 가곡을 50% 이상 틀고 있다. 그리고 외국의 고전음악을 37% 가량 틀고 있다.

우리 사회에서 팝송하면 사실 미국의 빌보드 차트에 오른 곡들을 쉽게 떠올리는데, 북한에서는 영미권의 음악을 거의 들을 수 없다.

≪평양FM방송≫에서는 소련이나 중국의 음악을 쉽게 들을 수 있는 것이 특징이다.

북한의 통신사

우리 사회에서는 예전에 ≪내외통신사≫가 있었다. 그러다가 그 이름이 바뀌었다.

북한에도 통신사가 있다.

　≪조선중앙통신≫

주로 북한의 뉴스를 가장 빨리 접할 수 있다는 특징이 있다.

북한의 통신사는 1946년 12월 소련의 타스통신을 따라 만들어졌다. 이후 1949년 중공 정권 수립 이후 신화사

통신과 긴밀한 관계를 맺었다.

북한의 ≪조선중앙통신≫은 소련과 중국의 영향을 많이 받았다. 대표적으로 외국의 정보를 일반 주민들이 아닌 간부들에게만 제공하는 '참고통신'이라는 게 있다.

북한 사회에서는 '참고소식', '백색타스', '적색타스', '참고통신' 등으로 불리는 소식지다. 외국의 소식뿐만 아니라 북한에 대한 외국의 언론 보도 내용까지 싣고 있다.

≪조선중앙통신≫의 규모와 특파원

≪조선중앙통신≫의 규모는 생각보다 큰 편이다.

사장 아래 5명의 부사장과 1명의 주필이 있다. 근무인
원은 총 600명 가량이다. 이 정도면 규모가 있는 통신
사로 봐도 무방하다.

북한은 중국과 러시아 그리고 알제리, 쿠바, 인도네시
아 등에 특파원을 두고 있다.

6. 광고

북한의 방송 광고

솔직하게 특별히 생각해본 적이 없다. 그리고 북한 방송에서 광고를 쉽게 본 적이 없다. 굳이 기억해보면 2009년 7월 2일 ≪조선중앙TV≫에서 대동강맥주 광고를 한 적이 있다.

북한 방송에서 특정 상품의 상업 광고를 방영한 것은 이례적이다. 북한은 대동강맥주 광고에 이어 동년 8월 16일엔 개성고려인삼 광고를, 8월 29일엔 옥류관의 메추리 요리 광고를 했다.

대동강맥주 광고

2009년도 ≪조선중앙TV≫에 군인인지 노동자가 TV에서 크게 외쳤다.

"평양의 자랑, 대동강맥주!"라고….

북한의 광고였다. 광고에 관한 식견이 있는 것은 아니지만 굉장히 촌스럽다는 생각이 들었다.

TV 광고의 내용면에서는 우리의 광고와 크게 다르지 않다. 남과 북의 광고에서 차이를 찾으라면 광고 시간이다. 우리나라에선 TV 광고가 보통 15초 정도로 짧은 편이다. 북한의 TV 광고는 좀 길다는 것이 특징이다.

대동강맥주 광고를 보면 2분 47초 동안 광고를 하고 있다. 이쯤 되면 단편영화라는 생각이 든다.

북한에서의 상업 광고가 지루했던 것이 긴 시간 동안 광고를 해서 그랬던 것은 아닐까 싶다.

북한의 상업 광고

2009년 이후로 북한 ≪조선중앙TV≫에서는 상업 광고를 볼 수가 없다.

북한에서 한동안 자취를 감췄던 상업 광고 영상이 최근 대외선전 사이트를 통해 다시 등장했다. 상품 목록이 자동차, 지능형 손전화기(스마트폰), 건강식품, 화장품 등과 같이 다양해졌다.

북한에서 만드는 제품이 이렇게 많은지 몰랐다.

광고를 본 북한 주민들의 반응

북한에서 평양은 물론이고 지방에서 상업 광고 영상을 보기 힘들다. 상업 광고는 주로 외국인을 대상으로 하고 있기 때문이다.

기본적으로 지방은 전기 보급 사정이 녹록치 않다. TV 를 볼 기회의 폭이 넓지 않다.

평양은 TV 프로그램 콘텐츠가 다양하지 않다. 평양 주민들이 잘 안 보는 편이다. 북한 주민들이 방송을 통한 상업 광고를 접할 수 있는 기회가 흔하지 않다.

북한에서 이해하는 광고

북한에서는 광고의 의미가 자본주의 사회에서 이해하는 개념과 다를 것 같다.

2019년 4월 출판된 『경제연구』 2호에 광고와 관련된 논문이 있다.

'상품광고사업에서 나서는 원칙'이라는 제목의 논문이다. 이 논문에서는 김정은 국무위원장의 발언을 기준으로 상업 광고에서 지켜야 할 원칙을 상세하게 설명하고 있다.

여기서 북한은 상업 광고에 대해 '수요를 자극 추동하고, 구매에 편리한 조건을 보장할 목적으로 상품의 쓸모와 이용 방법, 구입 조건 등을 사람들에게 안내 소개하는 상업 봉사의 한 형태'로 정의하고 있다.

이것만 보면 북한의 상업 광고에 대한 이해는 우리와 크게 달라 보이지 않는다. 북한에서 말하는 상업 광고의 정의는 우리와 크게 다르지 않지만, 광고에 있어서 원칙은 많이 다르다.

이 논문에서 말하고 있는 상업 광고의 원칙 중에서 가장 중요한 것은 '주체적인 관점'이다.

자본주의 사회의 상업 광고가 이윤추구에 바탕을 두고 있다면 북한의 상업 광고는 나라의 부강발전과 인민들의 물질문화 향상에 목적을 두고 있다는 것이 다른 부분이다.

상업 광고의 양적 증가

북한 사회에서 상업 광고가 양적으로 늘어나고 있다는 것은 사회가 변하고 있다는 것을 의미한다.

2018년 7월부터 2019년 6월까지 북한은 TV를 통한 광고를 50여 번 했다.

한방약 광고 20건
가전제품과 화장품 광고 각 7건
식품 6건
세제 3건

락원기술교류사 Ragwon Trading Co. 乐园技术交流社

Tel: 850-2-18111-341-8218 Fax: 850-2-381-4410 E-mail: rakwon@star-co.net.Kp
☎ 02-972-1619

조선민주주의인민공화국 정보기술성과전람회 2016과 2017에서
락원수자식레드텔레비죤의 화질, 안테나의 수신감도, 새기술개발,
내부조종프로그람의 편리성 등을 평가하고 수여한 상장들

화면이 크면 클수록
더욱 멋있고 볼만한

HD
(1 920X1 080)

HD 섬세하기 그지없는 고해상도
화질을 손색없이 보장하는

락원 수자식텔레비죤

락원 수자식텔레비죤

제품은

화질이 부드러우면서도
매우 선명한것,
소리가 은은하면서도
공간감이 크게 나는것이
기본특징입니다.

북한의 광고 시간

북한의 광고시간은 상당히 길다. 김정일 시대의 북한 광고는 2~3분 정도였다.

김정은 시대에서도 북한은 TV 광고를 하고 있지만 달라진 점은 광고 시간이 더 길어졌다는 점이다.

현재 북한의 TV 광고는 다큐멘터리 형식이다. 광고 시간은 대략 5~10분 정도다. 우리나라 홈쇼핑에서 품목당 1시간 정도 광고를 하는데, 북한도 곧 1시간 채울까?

신문에 등장한 광고

북한은 『평양신문』을 통해 광고를 게재했다. 2012년 9월 29일 〈태양열물가열기〉 광고와 10월 4일 〈꽃다발 상품〉에 관한 광고가 바로 그것이다.

동년 10월 5일에도 광고가 등장했다. 김정일 시대에서는 흔히 볼 수 없는 광고가 김정은 시대에서는 쉽게 접할 수 있는 것이 특징이다.

'호평받는 조선옷 봉사'라는 글귀와 함께 한복 두벌의 사진과 여성들이 매장에서 옷을 고르는 사진이 신문에 실렸다.

『평양신문』은 평양시당위원회 기관지로서 북한 각지의 소식을 전하는 일간지다. 북한 전역에 배포되는 간판급 언론매체다.

물론, 김정일 시대에서도 북한에서는 신문 광고를 한 적이 있다. 2002년 '7·1 경제관리 개선 조치'를 전후로 해서 조금씩 상업 광고를 했다. 그러나 지금만큼 광고를 많이 하지 않았다.

과거와 현재를 비교해서 변하지 않은 것이 있다. 당 기관지인 『로동신문』에서는 아직까지 광고를 하지 않고 있다.

곧 『로동신문』에서도 광고를 하지 않을까?

2018 조선상품

북한의 광고 책자를 하나 소개하고자 한다. 〈2018 조선
상품〉다. 이 책자를 보면 북한에서 생산하는 물품이 상
상을 초월할 정도 많이 있다.

개성고려인삼제품을 시작으로, 비단, 술, 맥주, 식료품,
의약품, 옷, 가방, 비닐제품, 화장품, 전자제품 등 다양
한 제품을 광고하고 있다.

이 책을 보면 북한이 못 만드는 제품이 없다. 정말로
전부 판매하는지 궁금하다.

조 선 상 품

KOREAN COMMODITIES 朝鮮商品

2018

7. 음식

김일성 시대의 북한 식생활

1990년대 중반 이후 북한은 고난의 행군이라고 해서 허리띠를 졸라 맸다. 이제는 북한의 식량사정이 녹록치 않았다는 얘기를 모르는 사람이 없다. 하도 많이 들어서 지겨울 정도다.

그러면 1970년대와 1980년대의 북한 식량사정은 어땠을까?

북한 사람들의 주식은 쌀이다. 이 얘기를 지인에게 했더니 소스라치게 놀라서 말하는 자신이 더 놀란 적이 있다.

북한 사람도 한민족이고, 당연히 쌀을 주식으로 하고
있다.

이것이 놀랄 정도인가?
여하튼….

남과 북이 다른 점은 우리가 주로 흰쌀밥을 먹으면, 북
한은 잡곡밥을 주로 먹는다는 것이다. 북한은 대부분
이 산지라서 아무래도 쌀 생산량이 많지 않기 때문에
서 잡곡밥을 먹는 것 같다.

옥수수

김일성 시대 때 북한은 옥수수를 굉장히 강조했다. 실제 옥수수 배급이 원활히 이뤄졌을지 궁금하다.

1980년대 북한의 배급사정은 괜찮은 편이었다. 그래서 옥수수 배급은 원활히 이뤄진 것으로 알려져 있다.

당시 북한을 방문한 사람들의 증언을 보면 가정에는 옥수수를 빻는 작은 절구가 모든 집에 하나씩 있었다고 한다. 이 말은 그만큼 옥수수 배급이 원활히 이루어졌기 때문에 절구로 옥수수 밥이나 옥수수 죽을 만들어 먹었던 것은 아닌지 조심스레 생각을 하게 된다.

실제로 김일성 주성의 생일인 4월 15일에는 옥수수를
배급했다.

김정일 시대에서도 옥수수를 강조했을까?
정답은 아니다.
김정일 시대에서 북한은 감자를 부각했다.
노래 〈대홍단 감자〉가 나올 정도로 강조됐다.

그러면 김정은 시대에서는 뭐가 강조될까?
아직까지 명확하게 드러난 것은 없다.

최고지도자의 생일의 배급

최고지도자의 생일은 북한에서 명절과 같은 경사스런 날이다. 그래서 옥수수를 비롯해서 두부, 그리고 고기가 배급이 됐다. 고기는 돼지고기나 소고지 중 1킬로그램이 배급이 됐다.

성인 남성의 경우엔 술이, 어린이들에겐 과자나 사탕이 배급됐다.

북한에서는 과일도 배급을 했다. 1달에 한 번꼴로 이뤄졌다. 그리고 조미료와 같은 간장, 소금, 설탕 등의 재료 보급이 됐다.

1970년대와 1980년대의 배급량

북한에서 배급은 0~4세, 5~14살, 15세 이상으로 구분을 하고 있다. 배급량 기준은 1970년대와 1980년대를 비교하면 20~30그램 정도 차이가 난다.

평균적으로 보면 영유아에 해당하는 4살까지는 300그램이 배급됐고, 5살부터 14살까지는 500그램이 배급됐다.

성인의 경우 일반 노동자는 평균 700그램이, 중노동자나 군인은 800그램 정도가 배급됐다.

노약자나 환자, 북한에서는 환자를 '병자'라고 하는데, 이들에게는 400그램이 배급됐다.

북한의 된장 맛

한국인은 된장 빼고 음식을 얘기할 수가 없다. 직장인
들이 점심시간에 가장 무난하게 찾은 음식이 된장찌개
라는 통계를 얼핏 본 적이 있다. 가장 대중적인 음식이
된장으로 만든 요리가 아닐까 싶다.

북한도 된장이 가장 대중적인 음식 재료다.

개인적으로 북한의 된장을 먹어 본 적이 있는데, 괜찮
았던 기억이 있다. 물론 많이 먹어보지는 못해서 정확
하게 말하기 곤란하지만, 북한 된장이 조금 담백했다.

우리나라 음식 전문가들이 북한의 된장을 평가한 것을

보더라도 장맛이 괜찮다고 한 것을 들은 적이 있다.

북한에는 된장 종류가 굉장히 많다. 우리가 흔히 먹는 일반 된장을 포함해서 고기된장, 오미자 된장, 깻잎 된장 등과 같은 다양한 종류의 된장이 있다.

북한이 된장을 수출하고 있다는 사실을 알았을 때는 조금 놀랐다. 된장을 수출할 정도면 그만큼 맛에서나 품질에서 자신이 있기 때문에 가능한 일이 아닐까?

035-3/8
마늘된장(350g)
Bean paste with garlic
蒜头大酱

035-4/8
고기된장(350g)
Bean paste with meat
腌肉大酱

035-5/8
고기고추장(350g)
Peppered bean paste with meat
腌肉辣酱

035-6/8
찹쌀고추장(350g)
pered bean paste with glutinous rice
糯米辣酱

035-7/8
깨고추장(350g)
Peppered bean paste with sesame
芝麻辣酱

035-8/8
메주된장(350g)
Fermented bean paste
豆酱

된장 맛, 영화로 홍보하다

북한에는 된장을 소재로 한 영화가 있다. 그만큼 된장에 관한 자부심이 상당하다고 할 수 있다.

조선예술영화 〈충복〉

북한은 이 영화를 통해 북한의 된장을 자랑하고 있다. 영화를 보면 된장에 관해 자부심이 상당하다는 것을 느낄 수 있다.

북한 된장은 플라스틱 통에 담긴 것도 있고, 튜브 형식으로 된 제품도 있다. 용량도 다양하게 있어서 필요에 따라서 된장을 쉽게 고를 수 있다.

개성의 민족 음식

개성의 경우에는 보쌈김치, 편수, 설렁탕, 추어탕, 약밥, 신선로가 유명하다.

개성에서 유명한 술은 아무래도 '개성인삼술'하고 '홍삼술'이다.

개인적으로 술맛은 남과 북 모두 괜찮다. 기회가 되면 비교해 마셔보는 것도 좋을 것 같다.

조선개성고려인삼무역회사 Korea Kaesong Koryo Insam Trading Co. 朝鮮开城高麗人参贸易公
Tel: 850-2-18111(ext) 8082 Fax: 850-2-381-4540 E-mail: bcmi14@star-co.net.Kp
☎ 02-462-1808, 02-462-4415

008-2/40
개성고려인삼술(52%×650ml)/병
Kaesong Koryo Insam Liquor
开城高麗人参酒

008-3/40
개성고려인삼술(30%×650ml)/병
Kaesong Koryo Insam Liquor
开城高麗人参酒

008-5/40
개성고려인삼구기자차(3g×30봉지)/곽
Kaesong Koryo Insam and
Matrimony Vine Fruit Tea
开城高麗人参枸杞子茶

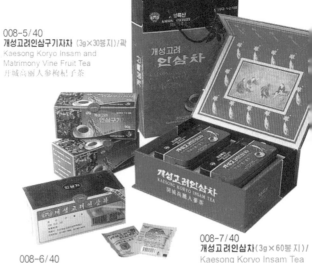

008-4/40
개성고려인삼(120g)/곽
Kaesong Koryo Insam
开城高麗人参

008-6/40
개성고려인삼차(3g×30봉지)/곽
Kaesong Koryo Insam Tea
开城高麗人参茶

008-7/40
개성고려인삼차(3g×60봉지)/곽
Kaesong Koryo Insam Tea
开城高麗人参茶

배급 이외에 식료품 구입

북한 주부들도 장을 보러 상점에 간다. 평양 시민들이 수산물을 구입하려면 수산물 시장에 간다. 물론 백화점 식품 코너나 상점에서도 쉽게 수산물을 구입할 수 있다.

콩나물이나 채소와 같은 부식품들은 식료품 상점에서 임의로 구매를 하고 있다. 돈을 주고 구입하기 보다는 국가에서 나눠준 공급카드로 구매를 했다.

1980년대의 북한 주부들이 시장에서 물건을 사는 풍경은 우리가 마트에서 장을 보는 것과 비슷하다.

'대동강맥주'와 더불어 유명한 맥주

북한에서 생산되는 맥주는 상당히 많다. 대표적인 맥주로 '대동강맥주', '룡성맥주', '평양흑맥주', '금강맥주', '봉학맥주'가 있다. 이 중에서 가장 유명한 것이 '대동강맥주'하고 '룡성맥주'다.

원래 북한에서는 '룡성맥주'가 가장 인기가 있었다. 그러나 현재는 '대동강맥주'가 더 인기가 있다.

'룡성맥주'는 '대동강맥주'와 비교해 색깔이 좀 진한 것이 특징이다. 그리고 맛이 달달한 편이다. 그래서 인기가 높은 편이다.

026-1/2
흑맥주(12°/ 640ml)
Black beer 黑啤酒

026-2/2
금강맥주(11° / 640㎖)
Kumgang Beer 金剛啤

'대동강맥주'는 어떤 맥주인가

북한의 '대동강맥주'는 수출용과 내수용으로 구분이 된다.

북한 주민들을 대상으로 생산되는 내수용 대동강맥주는 총 7가지 종류가 있다. 기호에 따라 선택이 가능한 것이 특징이다.

1번부터 5번까지 맥주는 맥아와 백미의 비율이 단계별로 나뉜다. 1번은 맥아의 비율이 가장 높고, 5번으로 갈수록 백미의 비율이 높다.

6번과 7번은 흑맥주로 6번은 진한 커피향이 나고, 7번은 부드러운 초콜릿 향이 나는 것이 특징이다.

북한의 맥주 축제

맥주 축제 행사의 성격은 다르지만 북한에도 맥주 축제가 있다.

〈평양 대동강맥주축전〉

2016년 8월 12일부터 9월 9일까지 평양 옥류교와 대동교 사이에 있는 대동강변과 유람선에서 처음으로 맥주축제가 북한에서 열린 바 있다.

북한 맥주를 대표하는 대동강맥주 7종이 선보였다. 이축제는 전 세계 언론이 비중 있게 방송을 했다.

북한의 맥주 안주

우리사회에서는 보통 맥주 안주로 치킨을 떠올린다.
일명 '치맥'이라고 한다.

북한에서도 맥주와 함께 먹는 안주가 있다. 물론 술을
마시는 상황에 따라 안주가 다 다른 것이 특징이다.

야외에서 격식 없이 맥주를 마실 때는 주로 마른안주
를 먹는다. 말린 조갯살이나 말린 낙지, 말린 명태, 맥
주과자, 새우콩고기 등이 대표적이다.

맥주과자

북한에서는 맥주를 마실 때 맥주과자가 제일 먼저 나온다.

맥주과자는 맥주에 곁들여 먹으면 맥주의 맛을 더 깊이 느낄 수 있다고 해서 북한 주민들이 즐겨 먹는 안주다.

맥주과자는 포장된 양에 따라 가격이 천차만별인데, 북한 돈으로 1000원부터 5000원까지 다양하다.

락화생맥주과자

재 료

밀가루쉬움반죽…250g 닭알…………… 1알
밀가루…………250g 탄산암모니움…… 10g
닦은 락화생…… 150g 중조……………3g
보드라운 사탕가루 100g 간장졸임액………200g
밀크크림………… 50g 튀기용기름

만드는 방법

 반죽기에 밀가루쉬움반죽, 밀가루를 넣고 저속으로 돌려 반죽하다가 닭알, 밀크크림, 보드라운 사탕가루, 중조, 탄산암모니움을 넣고 걸면이 윤기가 날 때까지 되직하게 반죽한다.

 반죽을 두께가 0.3cm 정도 되게 민 다음 길이 4cm, 너비 0.4cm 되게 썰어놓는다.

 썰어놓은 반죽을 180℃의 기름에서 연한

밤색이 나게 튀긴 다음 광주리에 담아 180℃ 정도의 구이로에 10분정도 넣어둔다. 닦은 락화생은 다진다.

 과자가 뜨거워지면 꺼내여 간장졸임액을 부으면서 광주리를 힘있게 돌려준다. 이때 다진 락화생을 뿌려준다.

 과자에 간장졸임액과 락화생이 고루 물혀지면 로에 넣어 말리워 낸다.

북한의 폭탄주

북한에도 폭탄주 문화가 있다. 2019년 새해 첫날 북한 방송을 보고 놀랐다.

≪조선중앙방송≫에서 오전 날씨를 예보하면서 이례적으로 술과 관련된 이야기를 했기 때문이다.

방송에서 아나운서는 "알코올 음료를 지나치게 많이 마시거나 술(소주)과 맥주를 섞어 마시면 체온 조절에서 중요한 역할을 하는 심장, 간 등에 나쁜 영향을 줄 수 있다"고 언급을 했다.

북한도 소주와 맥주를 섞어 마시는 사실을 알았다.

북한에서 가장 인기 있는 빵

2018년 5월 19일 『조선신보』 보도에 북한에서 가장 인기 있는 빵이 소개됐다.

평양 금성식료공장에서 생산하는 브랜드인 '새봄'이라는 브랜드의 빵이 가장 인기 있다고 한다.

금성식료공장에서는 20여 종, 250가지의 빵을 생산하고 있으며 평양 시내의 호텔이나 백화점 그리고 대사관 등에 납품을 하고 있다.

규모도 상당히 크고 제품의 질도 상당한 수준인 것으로 알려져 있다.

021-150/261	고기쏘스빵	Meat-sauced bread	肉酱面包	(100g)
021-151/261	월병	Moon-shaped cake	月饼	(90g)
021-152/261	마요네즈빵	Mayonnaise bread	蛋黄酱面包	(100g)
021-153/261	빠다튀긴빵	Butter-fried bread	黄油炸饼	(80g)
021-154/261	팥을 넣어 구수한 빵	Red bean-stuffed buns	红豆面包	(340g)
021-155/261	야자빵	Coconut bread	椰子香面包	(470g)
021-156/261	빠다크림빵	Butter cream bread	黄油面包	(500g)

십쇄가 먹어본 북한 과자

호텔 로비에 보면 사탕이나 과자가 올려져 있는 경우가 있다. 북중 접경지역의 호텔에서 있었던 일화다.

한글로 적힌 과자가 있기에 무심결에 과자를 뜯었다. 그 안에는 '선홍식료공장'이라는 단어가 적혀 있었다.

과자를 뜯었는데, 버려야 할지 말아야 할지 고민을 했다. 도덕적으로 판단하기보다는 윤리적으로 판단을 해서 일단 과자를 먹었다.

계피 맛이 나는 다이제스티브와 같은 느낌이 나는 과자였다. 나중에 알고 보니 필자가 먹은 과자는 선홍식료공장에서 생산한 '계피과자'였다.

북한에서 생산한 제품들 특징은 함유된 성분 전체를 모두 표기하지 않는다는 점이다.

우리나라는 제품은 들어간 원재료를 전부 기입하고 있는 반면에 북한의 제품들에는 주원료 외에는 어떤 성분이 들어갔는지는 구체적으로 알 수는 없다.

'계피과자'의 주원료는 밀가루, 사탕가루, 닭알(계란)이죠, 빠다(버터), 계피가루, 꿀, 소금 등이 함유된 것으로 적시돼 있었다.

북한 과자가 맛없다는 사람도 있다. 그러나 개인적으로는 제조국가와 무관하게 과자는 다 맛있다.

북한이 생산한 껌

북한영화를 보면 껌을 씹는 사람을 못 봤다. 그래서 북한은 껌을 만들지 않는 것으로 알고 있었다.

그런데 북한도 껌을 만들고 있었다. 종류도 남한과 같이 다양하다.

북한에서 생산된 껌은 크게 껌은 두 종류다.

'판껌'과 '방울껌'

'판껌'은 우리가 알고 있는 일반 껌이다. 판자모양이어서 '판껌'이라 부르고 있다.

'방울껌'은 풍선껌이다.

010-1/36
기능성판껌(300g/100개)
Functional gum
功能性口香糖

010-2/36
봉지방울껌(70g/23알)
Tablet gum
泡泡糖

010-3/36
무당봉지껌(28g/20알)
Non-sugar gum
无糖口香糖

선물용 과자세트

평양 금컵종합체육인공장에서 생산된 제품들은 고급 과자에 해당한다.

북한에서는 여기서 생산된 과자들을 한 상자에 넣은 종합선물세트를 판매를 하고 있다.

고가의 과자라서 주로 외국인들이나 간부들이 구매를 하고 있다.

8. 일상생활

북한의 가족제도

북한에서는 가족을 사회생활의 기층단위라고 한다. 그러면서 국가가 가족 문제에 큰 관심을 갖고 있는 것이 특징이다. 믿기 싫어도 어쩔 수가 없다.

사실이다.

북한이 가족문제를 중요하게 다루고 있다는 것을 엿볼 수 있는 대목이 있다.

바로 법이다.

북한은 가족과 관련해 법으로도 규정하고 있다.

"헌법 77조"

〈헌법 77조〉

결혼과 가정은 국가의 보호를 받는다. 국가는 사회의 기층생활단위인 가정을 공고히 하는데 깊은 배려를 돌린다.

북한 헌법에 가족과 관련한 내용이 있다는 것은 그만큼 북한 당국이 가족정책에 관심이 많다는 것을 의미한다.

북한의 가족관

북한의 공식적인 가족관은 두 가지로 구분된다.

1. 우리가 이해하는 생물학적 범위에서의 가족의 의미가 있다.

2. 사회적 존재인 사람들이 모인 특수한 집단이고 사회생활의 기초단위로 보는 의미다.

뭔 소린지 이해하기 어렵다.

조금 쉽게 말하자면, 북한에서 가족은 사회집단과 마찬가지로 사회주의 공산주의 위업 달성을 위해 기여해야 하는 조직으로 보고 있다.

그러면 북한에서는 가정에서도 수령의 혁명사상을 옹호하고, 공산주의 사회주의 위업을 달성해야 한다는 말이 된다.

그렇다.

우리의 상식으로 이해하기 어려울 수가 있다. 다시 한 번 더 말하자면, 북한은 우리가 이해하는 일반 가정이 있다. 그 일반 가정이 추구하는 가치관 하나가 있는 것이다.
다른 하나는 국가와 사회 앞에 지니는 의무를 포함하고 있다고 보면 된다.

북한 가족정책의 핵심

북한에서의 가족과 관련된 정책의 핵심은 '가정의 혁명화'라고 생각한다. 북한의 이러한 입장은 가족정책의 역사나, 변화과정을 통해 확인이 가능하다.

북한은 해방 이후 봉건적 잔재를 타파하는 데 주력을 했다.

사회주의적 건설이라는 목표 달성을 위해 가정에서의 봉건적인 자재를 타파하는 데 역량을 집중한 것이 바로 여성해방이다. 가정에서의 봉건잔재 타파의 큰 성과가 바로 여성해방이다.

북한에서 여성을 해방했다고 하는데, 사실 우리 사회도 남녀평등사회라고는 하지만 과연 이게 제대로 됐는지 의구심이 들 정도다.

그러니까 북한도 너무 따지지 말고 그러려니 하고 일단 보는 것도 좋을 것 같다.

북한의 정책을 통해 본 여성 지위

북한에서의 여성 지위와 관련된 정책들을 살펴보면 다음과 같다.

1. 자유결혼의 권리를 인정하고 있다.

2. 일부다처제와 축첩제를 폐지하고 있다.

3. 강제결혼을 금지시키고 있다.

4. 호주제와 장자우대제를 완전히 폐지하고 있다.

5. 여성이 남성과 같이 동등하게 재산상속을 받을 수 있는 권리를 인정하고 있다.

북한의 가족법

여성과 관련된 정책들이 상당히 많다. 관심이 있는 독자들은 논문을 찾아보는 것도 하나의 방법인데 그렇게까지 권하고 싶지 않다.

북한은 헌법 이외에도 가족과 관련된 법제가 또 있다. 1990년 10월에 제정된 가족법이 바로 그것이다.

북한이 규정하는 가족과 관련된 내용들이 총망라해서 들어 있다.

북한의 가족법은 총 6장 54개 조문으로 되어 있다. 상당히 많다.

이 책에서는 1장부터 6장까지 법 제목만 나열하겠다.

　1장 가족법과 관련해 기본 내용을 담고 있다.

　2장 결혼과 관련한 내용이 있다.

　3장 가정생활과 관련해 구체적으로 언급이 돼 있다.

　4장 후견과 관련한 내용이 있다.

　5장 상속에 관한 내용을 담고 있다.

　6장은 벌칙이다.

북한의 가족법은 총 6장 54개 항목으로 구성돼 있어서 조금 두꺼운 분량이다.

남녀평등이라는 대전제 하에 일부일처제를 원칙으로 하고 있는 것이 바로 가족법의 핵심이다. 하나 더 추가 하자면, 여성과 아이들에 대한 국가의 보호와 원칙을 강조하는 것이 핵심이다.

연애결혼 vs 중매결혼

사람이 사는 곳은 어딜 가나 비슷하다. 우리나라는 시대별로 결혼의 방식이 변하고 있어서 한마디로 정의를 내리기 어렵다.

북한도 우리나라와 마찬가지로 시대별로 변하고 있어서 한마디로 뭐라 말하기 어렵다.

1990년대 까지만 하더라도 우리나라에서는 중매결혼을 많이 했다. 그러다가 연애결혼을 더 많이 하고, 심지어는 결혼정보회사까지 등장해서 결혼의 방식이 많이 바뀌었다.

북한도 과거에는 중매결혼이 절대적으로 많았다. 하지만 최근에는 연애결혼 비율이 상당히 높아지고 있는 추세다.

그렇다고 해서 북한에서도 연상연하 커플이 있거나 연상연하가 결혼을 하는 것은 흔하지 않은 일이다. 이 부분이 우리나라하고 조금 다른 면이다.

아직까지 북한 사회에서는 남성이 여성보다 나이가 많은 커플이 당연하게 인식되고 있다. 연상연하 결혼 비율이 높아지거나 사회적으로 이슈가 되려면 더 많은 시간이 필요하다.

연애에 관한 인식

1980년대 한국 사회에서 일어났던 일들을 말씀드리겠다. 쌍팔년도 얘기다.

그 당시 사촌 형이나 누나들이 연애한다고 하면 어른들이 그런 얘기를 많이 했다.

"공부는 안 하고 연애질이나 한다"고 훈육을 했던 시대가 있었다. 언제부터인지 모르겠다. 우리나라에서 '연애질'이라는 단어가 사라졌다.
솔직히 TV 드라마나 영화를 보면 '연애질'이라는 말을 들을 수 있었는데, 지금은 쉽게 듣기 어려운 말이 됐다.

1980년대 우리 사회에서 연애하는 것을 '연애질'이라고 했던 것을 보면 청춘 남녀가 연애하는 것이 긍정적이기보다는 부정적으로 받아들여졌던 것은 아닌지 생각하게 된다. 불과 20년? 30년밖에 안 된 얘기다.

북한에서 어른들은 청춘남녀가 연애하는 것을 보면 '연애질'이라고 한다. 아직까지 북한에서는 연애가 부정적으로 인식되고 있는 것은 아닌지 생각하게 된다.

북한에서는 '연애를 한다'가 아니라 '연애질'이라고 한다. 이렇게 부르는 것도 언젠가는 추억이 되겠지?

북한이 변하고 있다

2018년 5월 27일 남북정상회담 이후로 공영방송에서 평양의 모습을 촬영한 것만 보더라도 사람들의 표정, 패션, 헤어스타일이 변한 것을 볼 수가 있다.

2019년 북한 사회를 보면 변화된 모습을 볼 수가 있다. 북한 주민들의 생각도 차츰 바뀌고 있을 것이란 생각이 든다.

세상에 변함없는 사회는 없다. 그런 면에서 북한 사회도 차츰 변한다고 생각해도 무방하다. 북한이 변하고 있다는 것을 알 수 있는 대목은 학생들이 쓰는 언어를 통해 감지할 수가 있다.

북한에서는 결혼 전에 남자와 관계가 있는 처녀를 해방처녀로 부르고 있다. 늦은 밤에 남녀가 사랑하는 것을 오락행위로 부르기도 한다.

우리나라에서 남자가 여자에게 사랑을 고백하는 것을 두고 20세기에는 "작업한다"는 말로 대신해 썼다. 북한에서도 최근에 연애를 위해 고백을 하는 것을 두고 "사업한다"는 말로 대신해서 쓰고 있다.

북한 사회에서 학생들이 이러한 은어를 쓴다는 것은 기성세대와 비교해서 가치관이 조금은 다르다는 것을 의미한다.

부모님 동의 없는 결혼

우리나라에서 보통은 결혼을 할 때 부모님의 허락을 받는다. 북한도 예외는 아니다.

최근 들어, TV 드라마를 보거나 뉴스를 보면 부모님의 동의 없이도 결혼하는 비율이 꽤나 있는 것 같다는 생각이 든다. 북한에서도 부모님의 동의 없이 결혼이 가능한지 궁금하다.

북한이탈주민들의 인터뷰를 통해 얻은 정보를 종합해 보면 전혀 불가능한 것은 아니다. 북한에서 부모님이 동의하지 않는 결혼을 하는 커플이 있다고 한다.

북한의 경우 보통은 부모님의 의견이나 충고를 받아들이는 분위기다. 부모님의 의견을 전적으로 무시하고 결혼을 하는 분위기가 아니다.

북한법 해설서를 살펴보면, 아직까지도 북한 사회는 결혼에 있어서 부모님의 결정이 큰 영향을 미치고 있다. 따라서 부모님의 동의가 없는 결혼은 사실상 힘들다고 볼 수 있다. 그렇다고 하여 전혀 없는 것은 아니고, 있더라도 극히 이례적이다.

나는 의식주라고 부른다

우리나라는 '의식주'라고 부르고 있다.

북한은 '식의주'라고 부른다.

'의'를 먼저 쓰든, '식'을 먼저 쓰든, 어떤 것을 먼저 쓰든지 크게 상관이 없다. 그런데 옷보다는 먹는 것이 더 중요한 것 같다는 생각이 문득 든다.

북한에서 만든 옷이 작업복처럼 느껴진 이유

대한민국 국민이 보는 입장에서 북한에서 만든 옷은 화려함과는 거리가 멀어 보인다. 그래서인지 굉장히 심플한 디자인과 획일성이 먼저 떠오른다.

1970년대까지만 하더라도 북한에서의 옷은 작업복에 가까운 개념이었다. 북한에서 작업복은 평상복의 개념이다. 그래서 옷의 디자인이나 색상이 단조로웠다.

북한 사회는 배급제사회다. 따라서 옷도 국가의 따라 배급이 이루어지기 때문에 획일적일 수밖에 없다.

북한 여성의 한복사랑

≪조선중앙TV≫를 보면 북한의 행사 현장을 볼 수가
있다. 이때 북한 여성들은 유달리도 한복을 많이 입고
있다.

그래서 드는 생각이다.

북한 여성들은 한복을 사랑하는 것일까?

이 질문에 답은 간단했다. 북한 여성들도 우리 남한 여
성과 마찬가지로 양장을 좋아하기도 하고, 한복을 좋
아하기도 한다.

옷을 입는 것은 개인의 취향에 따라 다르기 때문에 정

형화하기 어렵다는 것이다.

우리나라는 때와 장소에 따라서 옷을 맞춰 입는다. 북한도 우리와 다르지 않다.

설이나 추석, 단오와 같은 민족 고유의 명절에는 기본적으로 한복을 입는다. 하지만, 북한 여성들은 한복보다는 양장을 선호하고 있다.

처녀들이 봄철이나 민속명절에 입을수 있는 색동치마저고리차림새이다. 연노란색의 저고리와 분홍색치마가 서로 대조를 이루고 색동소매와 치마의 잔잔한 무늬로 하여 생기있고 발랄해보인다.

북한 패션 변화의 계기

1970년대 들어서면서 북한에서는 '복장의 자율화'에
관한 논의가 이뤄졌다. 어쩌면 심야시간에 정책을 놓
고 전문가들이 싸우는 수준 이상으로 격하게 논쟁했다
고 봐도 무방할 정도로 북한 사회에서는 크게 이슈가
됐다.

그 논쟁은 남성 여성 구분할 것 없이 옷을 취향에 따라
다양하게 입을 수 있도록 하자는 쪽으로 결론이 났다.

그러면서 1979년 4월 김일성 주석의 교시가 하달된다.
그 교시에는 옷차림에 관한 얘기가 있다.

"평양시와 같은 대도시 주변 인민들은 발전하는 시대의 요구에 맞게 유색복장을 착용해야 한다."

김일성 주석의 이런 발언은 그 시기적으로 봤을 때, 상당히 파격적인 발언이자 결정이었다.

1967년으로 기억하는데, 우리나라도 윤복희 씨가 공항에 미니스커트를 입고 오자 시민들이 계란을 던지고 난리가 났던 적이 있었다. 1960년대 후반부터 우리 사회에서도 복장이 사회적으로 논란이 되기도 했다. 이 당시 남한이나 북한은 복장과 관련해서 많은 고민을 한 것 같다.

북한 남성의 정장

사회주의권 국가에서 제작한 영화를 보면 남성들이 정장보다는 인민복을 주로 입는 것을 볼 수가 있다. 김정일 국방위원장도 복장은 늘 인민복이었다.

그런데 남북고위급 회담을 할 때, 북한 관료들은 정장을 입고 나오는 경우가 많다. 어쩌면 인민복을 입고 나온 고위 관료를 본 적이 없는 것 같기도 하다.

북한에서는 남성들이 인민복만 입다가 정장을 병행해서 입기 시작한 때가 언제일까?

1985년을 전후로 해서 북한에서는 남성들도 정장을 입기 시작했다.

1985년도 북한의 멋쟁이 신사

1985년도 북한 남성의 멋쟁이 표준은 다음과 같다.

축축한 이미지의 인민복을 입지 않는다.

밝은 색 계열의 양복을 입는다.

머리는 기름을 발라 올백으로 올린다.

넥타이가 핵심이다. 화려한 색상으로 골라서 멘다.

방금 설명한 스타일이 이해하기 어렵다면 영화 〈범죄
와의 전쟁〉의 포스터를 보기를 바란다.

거리에서

성시경이 부른 노래 〈거리에서〉가 생각났다. 밤에 듣기 참 좋은 노래다. 평양에 밤거리라는 것이 있을까? 평양에도 밤거리는 있다.

2018년 문재인 대통령과 김정은 국무위원장의 정상회담이 있었다. 이후 우리 국민들은 ≪KBS≫ 방송을 통해 평양의 거리와 평양 주민의 모습을 봤다.

김정은 시대의 평양은 김정일 시대와 완전히 다른 모습이다. 건물이 화려해지고, 고층 건물도 많이 들어섰다. '평해튼'이라는 말이 그냥 나온 것이 아니라는 생각이 들었다.

최고지도자의 새로운 등장과 평양의 변화

최고지도자를 기준으로 평양의 변화를 정확히 구분할
수는 없다. 2010년부터 평양의 모습은 변했다.
아파트 건설사업 현장에는 새로운 구호가 등장했다.

　세기에 걸맞는 속도
　새로운 평양속도

북한은 주체 100년이 되는 2012년이 중요한 해다. 강성
대국을 건설하겠다는 의지를 표명한 해다.
북한 당국이 2012년을 강조한 만큼 대내외적으로 뭔가
의 가시적인 성과를 보여줘야 하는 압박이 있어서일까?
북한은 평양의 초고층살림집 건설에 역량을 집중했다.

평양속도와 개발사업

북한에는 평양속도라는 것이 있다. 평양시 만수대지구 건설 사업을 하면서 나온 구호다. 평양 만수대지구 건설 사업은 한마디로 신도시 건설 사업이다. 북한의 신도시 건설은 남한과 크게 다르지 않다. 일단 아파트가 있어야 한다. 그리고 극장이나 백화점이 있어야 한다. 공원도 필요하다. 이런 것들은 남한의 신도시에 기본으로 있는 것들이다.

평양시를 사회주의 강성대국 시대에 맞는 수도로 탈바꿈하기 위해 북한은 '10만 세대의 살림집 건설 사업'을 실시했다. 북한에서 이 사업은 '21세기 당의 위용을 보여주는 본보기 사업'으로 규정될 정도로 중요한 국가 사업이었다.

김정은 시대의 달라진 평양

김정은 국무위원장이 최고지도자로 등극하면서 북한 사회에서는 여러 가지 달라진 면을 볼 수가 있다. 그 중에서 대표적인 것이 바로 건축이다. 실제로 강성대국 건설을 과시할 수 있는 가장 대표적인 성과물로 건축을 집중적으로 선전하고 있다.

북한이 아파트를 통해서 보여주려는 것은 후계 기간이 짧았던 만큼, 김정은 국무위원장의 업적으로 선전할 만한 것이 두드러지지 않았다. 눈에 보이는 고층아파트는 대내외적으로 사람들의 이목을 집중시킬 수 있다는 점에서 아파트를 집중적으로 부각하는 것 같다.

북한에서의 아파트

아파트는 편리하다. 그래서 사람들이 주거 공간으로 많이들 선호하는 경향이 있다. 북한도 예외는 아니다. 신축 아파트는 인기가 상당하다. 일단 편의 시설이 잘 갖춰져 있고, 기존의 아파트와 비교해 넓은 거주 공간, 그리고 지리적으로도 좋은 위치에 있기 때문이다.

김정은 국무위원장이 관심을 갖고 추진하고 있는 아파트 건설 사업은 북한에서 상당히 중요하다. 작금의 신도시 건설 사업은 '21세기 건축'으로 "철두철미 인민의 지향과 요구, 생활풍습과 생활양식에 맞게 세계적인 수준에서 창조"된 것으로 선전하고 있다.

한마디로 정치적인 의미가 강한 것이 특징이다.

북한의 아파트 건설은 시대를 불문하고, 정치와 연결되어 있다. 북한이라는 사회가 사회주의 계획체제이기 때문에 불거진 현상이다.

원론적인 수준에서 다시 말하자면, 사회주의 국가에서는 '의식주' 문제를 국가에서 해결해 줘야 한다. '의식주' 문제를 해결하는 것이 쉬운 문제는 아니기 때문에, 국가에서 집중적으로 관리하고 있는 것이 특징이다.

북한에서는 집을 짓는 것도, 집을 배분하는 것도 당에서 결정하고 있다. 남한과 완전히 다르다고 보면 된다. 이것이 바로 북한 사회의 특징이다.

김정은 체제에서도 건축은 어느 때보다 강한 정치성을 보여주고 있다.

김정은 시대들어 평양에 건설된 아파트들은 도심의 스카이라인을 바꿔 놓았다. 국제사회에 과시해도 될 만큼 다양한 형태로 건물을 지었다.

대표적인 신도시로는 만수대지구 아파트와 려명거리 아파트가 있다.

안티구라다가 본 아파트

남과 북, 공통점이 있다면 아파트다. 서울과 평양은 도시를 대표하며, 대표적인 주거지가 아파트다.

북한에서는 아파트를 '아빠트'로 표기하고 있다. 북한에서 아파트는 평양의 초고층 아파트부터 공동 화장실을 써야 하는 아파트까지 다양하다.

평양의 아파트는 선망의 대상이다. 조선예술영화 〈우리 아랫집문제〉를 보면 권력관계가 적나라하게 드러난다.

부인 : 이제 먹는 거 입는 거 다 남보다 낫게 갖췄는데 집이나 좋은 데로 받아서 이사 갑시다. 수양거리에 요란한 아파트를 새로 하나 짓는 게 있다면서요? 구역행정위원네도 그리 이사 간다는데 우린 못가요?

남편 : 거긴 벌써 갈 사람들이 다 결정됐소.

부인 : 예? 거기 가는 여편네들은 춤들거리겠구나.

남편 : 아니 이 집이 어때서 그러오?

부인 : 사람 값이 떨어지는 거 같아서 그래요. 처음에는 뭐 간부아파트라는 데가 한집 두집 더 좋은 데로 다 이사를 가더니. 흥, 이젠 떨어졌다 올라온 우편국장네가 이사 오질 않나, 새파란 지도원이 이사 오질 않나. 아파트가 시시해지니 사람까지 덩달아 등급이 낮아지는 거 같아서.

아파트에 따라 사람의 등급이 결정되고 있다. 지금 이 말은 북한에만 해당하는 것일까? 씁쓸하지만, 남과 북의 공통점을 찾았다.

평양시 만수대지구의 창전거리

북한 행정구역으로 만수대 지구는 평양직할시 중구역에 있다. 북한에서 중구역은 평양의 핵심지역이다. 남한과 비교하자면 여의도나 시청, 광화문 정도로 볼 수가 있다.

북한에서는 주요 행사를 김일성 광장에서 하고 있다. 특히 김일성 광장 북쪽 대동강을 옆을 끼고 있는 만수대지구는 우리의 국회에 해당하는 만수대의사당이 인근에 있다.

한 마디로 강남과 같은 지역이다. 그래서 투자자들의 관심이 뜨겁다.

미래과학자거리의 아파트 거주자

2015년에 완성된 미래과학자거리아파트는 과학자들이 살고 있다. 각 대학에서 과학기술분야의 전문가, 퇴직 원로들을 대상으로 입주권을 부여했다.

미래과학자아파트는 거리 자체가 매우 화려해서 주민들 사이에서도 인기가 상당하다. 아파트 외벽을 네온사인으로 장식해서 밤에 더 화려해 보이는 것이 특징이다.

대동강 강변을 끼고 있어서 최고층 살림집에서는 환상적인 전망을 자랑한다. 아파트 외관은 평양의 아파트 중에서도 가장 화려해서 북한 주민들 사이에서는 선망의 대상이다.

려명거리의 화려한 아파트

2018년 북한이 출시한 달력 중에서 려명거리에서 찍은 사진을 표지로 한 달력이 가장 인기가 있었다.

북한의 려명거리 아파트 건설 사업은 2016년 4월 3일 착공해 2017년 4월 13일에 준공한 대규모 아파트 건설 사업이다.

김일성 탄생 105주년을 맞이하는 2017년에 완공하고자 북한 당국이 야심차게 추진한 도시 건설 프로젝트다.

려명거리는 릉흥동 네거리에서 금수산태양궁전에 이르는 구간을 말한다.

려명거리 건설 사업으로 '하늘을 찌를 듯이 높이 솟은 70층 아파트 살림집'이 평양에 들어섰다.

당시 북한은 려명거리 건설 사업에 내해 '미세와 그 추종세력들과의 치열한 대결전'으로 선포하고, 거리 건설을 위한 총력전을 전개했다.

현재 북한 주민들이 가장 살고 싶어하는 아파트다.

려명거리의 화려한 아파트

북한의 명절

북한에서는 4개의 큰 명절이 있다.

1. 나라와 민족의 융성 발전에 매우 의의 깊고 경사스러운 날
2. 김일성의 배려에 의해 사회의 일정한 부문이나 인민경제의 한 부문에서 경축하는 기념일
3. 프롤레타리아 국제주의에 입각한 국제 노동계급과의 연대성을 강화하기 위해 경축하는 기념일
4. 민족 명절을 지칭하는 것으로써 설(신정), 음력설, 한식, 단오, 추석 등이 있다.

설 음식 몇 가지

① 송편 ② 절편 ③ 녹두지짐
④ 떡국 ⑤ 수수지짐 ⑥ 찰떡

북한에서 중요하게 생각하는 명절

북한은 7대 명절이 있다.

먼저 북한의 4대 명절은 김일성 생일(태양절, 4.15)과, 김정일 생일(2.16)이 있다. 그리고 정권 수립일(9.9)과 조선로동당 창건일(10.10)이 있다.

4대 명절과 더불어 국제노동자절(메이데이, 5.1)과 해방기념일(8.15), 헌법절(12.27)이 있다.

북한에서 최대 명절은 김일성 주석과 김정일 국방위원장의 생일이다.

크리스마스가 없는 북한, 연하장을 주고 받을까?

북한에 크리스마스가 없지만, 우리와 마찬가지로 연말 연시가 되면 많은 사람들이 연하장을 주거니 받거니 하고 있다. 북한 주민들은 연말연시에 부모형제, 친척, 스승, 친지 등에게 주로 연하장을 보내고 있다. 이는 기본적인 예의로 인식하고 있다.

1998년 이후로 북한에서는 연하장을 보내는 분위기가 사회적으로 형성이 됐다. 연말이면 우편 량이 급증하고 있으며 그 추세는 해마다 더 늘고 있다.

북한에서 우편물을 발송을 하면 받는 사람에게 잘 전

달이 된다. 하지만 제때에 도착하는지는 여부는 지역에 따라 편차가 있다.

교통이 발달된 도시지역의 경우에는 제때에 도착하는 경향이 있지만, 교통이 상대적으로 열악한 지역은 다소 시간이 걸리는 경우가 있다.

교통이 열악한 지역에 우편을 보낼 경우에는 12월에 보낸 우편물이 새해 2월에 도착하는 경우도 종종 있다.

연하장도 자력갱생의 정신으로 만들어 보낼까?

북한에서 연말이 되면 각 지역 우편국과 체신소에서 연하장을 판매하고 있다. 우리나라와 비슷하다고 보면 된다. 다만 차이가 있다면 공급량이다.

북한에서는 종이가 부족해 필요한 수량만큼 공급하지 못하고 있다. 그래서 연하장을 구입하는 것이 우리나라처럼 쉬운 일은 아니다.

북한에서 생산-공급되는 연하장의 수량이 충분하지 않기 때문에 일부 주민들은 연하장을 정성껏 만들어 새해인사를 적어 보내기도 한다.

연하장의 인사말

북한 주민들은 주로 연하장에 "새해를 맞아 부디 몸 건강하시고 사업과 생활에서 보다 큰 성과가 있기를 진심으로 바랍니다"는 내용의 글을 적어서 보낸다.

연하장에 적는 주된 메시지는 북한이나 남한이나 비슷하다.

우리나라와 다른 부분을 찾으라면 언어다.

우리나라에서는 "새해 복 많이 받으십시오", "소원 성취 하십시오"라는 문구가 대표적이다.

북한에서는 "새해를 축하합니다"라는 문구를 주로 사용한다.

익숙하지 않은 문구라서 그런지 조금은 색다르게 느껴지는 대목이다.

How to Understand North Korean Society

북한 사회를 한 마디로 정의하기란 쉽지 않다. 이 책을 쓰면서 북한 사회를 뭐라고 말해야 할 것인지 깊은 고민을 했다. 내일도 고민은 진행될 것이다.

남과 북이 공통으로 쓰고 있는 말이 있다. 바로 '민주주의'다. 북한이 민주주의 국가라니 이해할 수가 없다. 그러나 북한의 공식적인 국가 명칭을 보면 '조선민주주의인민공화국'이다.

그렇다.

북한도 민주주의 국가라고 말한다. 우리와 무슨 차이가 있을까?

북한은 전체가 강조되는 사회다. '국가가 잘 살면 개인들에게 많은 것들 나눠 줄 수가 있다.' '국가가 잘 살면 개인도 잘 살 수 있다'는 것을 강조한다.

남한은 개인이 강조되는 사회다. 한마디로 개인이 잘 살면 국가에 세금을 많이 낸다. 국가에 내는 세금이 많아지면 당연히 개인과 국가 모두가 부강해진다는 의미다.

이 책을 통해서 북한 사회가 맞고 틀리고를 얘기하고 싶은 것이 아니다. 쉽게 접근할 수 없는 북한을 보여주고 싶을 뿐이다. 북한 사회를 평가하는 것은 독자의 몫이라고 생각한다. 단 북한을 알고 평가를 하면 어떨까?

십쇄(ShipShue)

내 이름이 논란이 될 줄은 몰랐다. 그래서 독자에게 발음기호를 알려드린다. 내 이름의 발음기호는 [열 : 쐬]다. 십쇄라 쓰고, 열쐬로 읽어주기를 바란다. 하지만 뭐라고 부르던 그것은 독자의 자유다.

십쇄가 두 번째로 책을 냈다. 첫 번째로 발간한 『통일잡수다』가 꽤나 호응이 좋았다. 그래서 이번에는 북한사회와 관련된 책을 썼다. 누구나 쉽게 그리고 재미있게 읽을 수 있는 소소한 내용으로 담았다.

십쇄는 유튜브, 페이스북, 인스타그램 등을 하지 않는 조금은 독특한 작가다. 결코 독자와의 소통을 거부하려는 것이 아니다. 십쇄가 소심해서 그러니 조금만 참아주시기 바란다.

안티구라다(Anti Gura-da)

세상을 둘로 나눠 보면 참 편하다. 이편과 저편, 적과 아군, 진보와 보수, 진짜와 가짜, 자(自)와 타(他), 성공과 실패 등등. 이분법은 뭔가 분명한 것을 좋아하고, 논쟁을 좋아하는 민족성과도 잘 어울린다. 그래서 세상을 둘로 나눠 보는 것에 익숙하다.

이분법은 남북관계, 통일문제에도 해당한다. '북한을 어떻게 보느냐'라는 질문은 꼭 '좋다', '나쁘다' 혹은 '같은 민족이다', '적이다'로 답하기를 원한다.

안티구라다는 말한다. '그냥 보자'.

『통일 잡(雜)수다』 이후 '우리 사회가 북한을 어떻게 소비하는가'를 고민하면서 실제에 기초한 북한 '그냥 보기'를 진행하고 있다.

나는 이것을 나름 '북한 실학운동'이라고 칭한다.

북한 사회
-전체는 하나를 위하여, 하나는 전체를 위하여-

The Society : One for all, All for one

© 십쇄·안티구라다, 2019

1판 1쇄 인쇄__2019년 08월 30일
1판 1쇄 발행__2019년 09월 05일

지은이__십쇄·안티구라다
펴낸이__양정섭

펴낸곳__도서출판 경진
      등록__제2010-000004호
      이메일__mykyungjin@daum.net
      사업장주소__서울특별시 금천구 시흥대로 57길(시흥동) 영광빌딩 203호
      전화__070-7550-7776 팩스__02-806-7282

값 15,000원
ISBN 978-89-5996-439-0 03340